D1196713

von Helden und Schelmen

Kurt Reiter

National Textbook Company
a division of NTC/CONTEMPORARY PUBLISHING GROUP
Lincolnwood, Illinois USA

Published by Passport Books, a division of NTC Publishing Group.
©1989, 1977 by NTC Publishing Group, 4255 West Touhy Avenue,
Lincolnwood (Chicago), Illinois 60646-1975 U.S.A.
Manufactured in the United States of America.

8 9 ML 9 8 7 6 5 4

Preface

Wilhelm Tell, Till Eulenspiegel, Doktor Faust, Lorelei, and Siegfried—beginning students of German will read about these and other fabled characters in *von Helden und Schelmen*. Not simply the inhabitants of German folklore, some of these heroes and rascals originated in ancient Greek or Norse folklore, and have reappeared down through the centuries in European ballads, novels, plays, verse, art, musical compositions, and even film. Given their complex origins and history, background notes in English have been provided at the end of this volume to identify each character and to trace their historical and literary development.

This book is a simplified reader that can be understood and enjoyed by students learning German at the first-year level. Structures beyond the elementary level in *von Helden und Schelmen* are keyed to numbered notes at the end of the book. These notes enable students to deal with new structures without referring to a separate grammar text. Vocabulary sideglosses and a general Vocabulary at the back further simplify reading for beginning students.

Von Helden und Schelmen lends itself to a variety of uses in the German-language classroom. First of all, the stories can be dramatized by students. They may act out the stories either as they are told in the book, or write their own scripts with speaking parts. Secondly, content questions in German about the plots of the stories may be asked. Team competitions for the most correct answers to these questions might be held as well. Students might also be challenged to create their own amplified versions of the stories or new endings for them. Teachers may wish to discuss a specific point of grammar and ask students to look for examples of it in the text. These are just a few suggested uses.

For additional folktales published by National Textbook Company, you will want to read *von Weisen und Narren,* also by Kurt Reiter, as well as *Das Max und Moritz Buch, Wilhelm Tell Heute,* and *Münchhausen Ohnegleichen.*

Acknowledgments

The author acknowledges with gratitude the assistance of Volker Durr of the Northwestern University German Department, Mr. Robert Oglesby of the Waukegan High School German Department, and Mrs. Elisabeth Wienbeck for reading and reviewing the manuscript and grammar notes, and the staff of Skokie Public Library for helping to locate material.

Grateful acknowledgment is also extended the following for sending background information, pictures, and other relevant material: Mr. Walter Kollacks of Deutsch-Amerikanische National-Kongress (Chicago), Inter Nationes (Bad Godesberg), Archiv für Kunst und Geschichte (Berlin), Heidi Galer of the Iowa City High School German Department, Ursula von Krosigk of Ursula von Krosigk Buchhandlung (Berlin), Dietrich Lutze of Informationszentrum (Berlin), Verkehrsverein Hameln for material on the Rattenfänger, and Stadtverwaltung St. Goar for material on the Lorelei.

Contents

Till Eulenspiegel

In dem vierzehnten Jahrhundert wandert ein junger deutscher Bauer namens[19] Till Eulenspiegel durch das ganze Land[20]. Er will den Leuten[14] zeigen, dass[1] sie nicht klüger[19] sind als Affen° and Eulen°. Von Stadt zu Stadt und durch viele Dörfer geht er und spielt seine Streiche°. Die Leute lachen zuerst, werden später aber sehr böse. Dann ist Till froh und wandert in die nächste Stadt.

Affe monkey
Eule owl

Streiche spielen play pranks

Der Name Eulenspiegel ist Tills eigene Idee[20]. „Eule" bedeutet auf englisch „owl" und „Spiegel" bedeutet „mirror." Auf englisch heisst Eulenspiegel „owl's mirror." Der Name ist komisch°, nicht wahr? Till glaubt, dass[1] man sich[10] in einem Spiegel nicht so sieht, wie man wirklich ist. Der Mensch ist nicht besser als ein Affe oder eine Eule, denn er hat seine Fehler, sieht sie aber nicht.

komisch funny

Besuch in Hannover

Till spielt viele Streiche in Hannover. Endlich ist der Herzog° von Hannover so böse auf[2] ihn, dass[1] er

Herzog duke

1

ihn nicht mehr sehen will. „Eulenspiegel," sagt er,
„du ärgerst alle Bürger dieser Stadt. Ich will dich nicht
mehr sehen. Verlass° sofort dieses Land und komm[6]   **verlassen** to leave
nie wieder!" Till verlässt[19] schnell das Land, aber wenig
später möchte[18] er durch Hannover reisen. Er geht in
die Stadt, aber o weh°, da sieht er den Herzog auf   **o weh!** Oh dear!
einem Pferde[13] reiten. Till hat grosse Angst vor[2] dem
Herzog und läuft schnell fort[3]. Nicht weit von Hannover
hat er eine Idee. Er wartet auf[2] einen Bauern, der[11] auf
dem Wege nach[2] Hannover ist, und sagt zu ihm: „Ist
das dein Wagen und dein Pferd?" „Ja," sagt der
Bauer. „Ich habe Geld und will sie kaufen," sagt Till.
„Was sagst du dazu[5]?" „Ja," antwortet der Bauer, „ich
verkaufe dir meinen Wagen und das Pferd." „Hast
du Land?" fragt Till den Bauer. „Ja," sagt der, „ich
habe viel Land. Dieses Feld[20] hier und jenes Feld da
drüben° sind mein. Warum fragst du das?"   **da drüben** over there

Till antwortet fröhlich: „Ich möchte[18] den Wagen
und das Pferd und auch etwas Erde[20] kaufen. Hier ist
das Geld dafür[5]." „Gut," sagt der Bauer. Er nimmt
das Geld und gibt Till den Wagen und das Pferd. Dann
holen die beiden etwas Erde vom Felde des Bauern
und füllen[20] den Wagen damit[5]. Till setzt sich[10] auf
die Erde in dem Wagen und fährt nach Hannover.

Dort trifft er wieder den Herzog von Hannover.
Dieses mal sieht der Herzog auch Eulenspiegel und
wird sehr, sehr böse. Er ruft: „Schelm°, du bist wieder   **Schelm** rogue
in meinem Lande[13]!" „Du hast nicht recht, Herzog,"
sagt Till. „Ich bin auf[2] meinem Lande! Ich habe[7] es
von einem Bauern gekauft." Der Herzog wird noch
böser und ruft: „Fahre[6] mit deinem Lande fort[3]!
Komme[6] nie wieder nach Hannover, sonst° lasse° ich   **sonst** otherwise
dich hängen." Er kann sonst nichts sagen, denn Till   **lasse ich dich hängen** I'll have you hanged
Eulenspiegel hat recht; er ist wirklich auf seinem
Lande. Till ist sehr zufrieden° und fährt glücklich zur   **zufrieden** satisfied
nächsten Stadt.

2

Besuch in Braunschweig

Till spielt seine Streiche auch in Braunschweig. Er sucht° nach einer Arbeit und fragt einen Bäckermeister: „Brauchst du Hilfe? Ich bin Bäckergeselle° und suche Arbeit." Der Bäckermeister ist sehr froh, denn er hat nun keinen Gesellen[13]. „Na schön," sagt er, „du kannst bei[2] mir als Geselle arbeiten." Till arbeitet schwer für den Bäckermeister, denn er möchte[18] Geld verdienen°. Er tut alles, was[1] der Bäckermeister ihm[14] sagt. Schon nach zwei Tagen hat er genug Geld, um[9] in die nächste Stadt zu fahren. Bevor[1] er aber seine Arbeit verlässt, will er dem Bäckermeister[14] noch einen Streich spielen. Eines Nachmittags sagt der Bäckermeister zu Till: „Deine Arbeit ist sehr gut. Heute nacht bäckst du allein[20]." „Was soll ich denn backen?" fragt Till. „Was du backen sollst?" ruft der Bäckermeister. „Du bist Bäckergeselle und weisst, was du backen musst. Was für eine dumme Frage! Bäckt denn der Bäcker Eulen oder Affen?" Dann verlässt der Bäckermeister ärgerlich[19] das Zimmer und geht nach Hause.

Till geht in die Backstube° und bäckt die ganze Nacht. Am[2] Morgen kommt der Bäckermeister in die Stube[19] und sieht nichts als Eulen und Affen auf dem Tisch. Er schreit: „Wo sind das Brot und die Brötchen und der Kuchen? Ich sehe nichts als Affen und Eulen. Dummkopf, bist du verrückt°? Warum bäckst du diese Affen und Eulen?" Till antwortet: „Das hast[7] du gestern abend gesagt, Eulen oder Affen. Ich arbeite die ganze Nacht und höre nun nichts als böse Worte[20] für meine Arbeit." „Ich kann diese Formen[20] nicht verkaufen!" schreit der Bäckermeister. „Du musst alles kaufen! Du musst bezahlen°!" Till sagt: „Ich bezahle gerne für die Eier und die Milch. Kann ich dann die Affen und Eulen haben?" „Gewiss, du Narr°!" sagt der Bäckermeister. „Gib[6] mir das Geld und nimm[6] diese schrecklichen° Formen weg!"

suchen nach to look for
Bäckergeselle baker's apprentice

verdienen to earn

Backstube baking room

verrückt crazy

bezahlen to pay

Narr fool
schrecklich terrible

3

Till bezahlt für die Eier und die Milch. Dann füllt er einen Korb mit den Affen und Eulen und geht damit[5] zum Markt. Er denkt: „Auf dem Jahrmarkt[19] kauft man alles. Hier habe ich etwas sehr Interessantes, und die Leute bezahlen viel Geld dafür[5]." Till verkauft alle Affen und Eulen und verdient viel Geld. Die Leute bezahlen mehr dafür als für Brot und Kuchen. Der Bäckermeister hört das und ärgert sich[10] sehr. Er läuft zum Markt und will auch noch Geld für das Holz° **Holz** wood und die Kohle[20] von Eulenspiegel bekommen. Aber Eulenspiegel ist nicht mehr da. Er hat[7] alles verkauft und ist schon auf dem Wege in[2] die nächste Stadt.

Baron von Münchhausen

Münchhausen wohnt in dem 18. Jahrhundert in einem Schloss an der Weser. Seine vielen Freunde und Gäste besuchen ihn oft am Abend, um[9] Geschichte aus[2] seiner Jugend° zu hören. Als[1] Jäger°, grosser Wanderer[20] und russischer[20] Soldat gegen die Türken°, hatte er viele Abenteuer°. Wenn[1] man seine Geschichten, wie die folgenden, liest, versteht man diesen Satz: Das Wort „lügen°" steht nicht in Münchhausens Wortschatz.

Jugend youth
Jäger hunter

Türken Turks

Abenteuer adventure

lügen to lie

Das Pferd auf dem Kirchturm°

Kirchturm church steeple

Eines Tages im Winter reist Münchhausen auf seinem Pferd nach Russland[20]. Er reitet[20] nordwärts[20], und das Wetter wird immer kälter[19]. Münchhausen friert°, und er sucht ein Haus, wo er sich[10] aufwärmen kann. Er reitet immer weiter und sieht nichts als Schnee, überall Schnee. Endlich wird es ihm[14] zu kalt. Er ist auch müde und kann nicht weiterreiten[19]. Er sieht einen Baumstamm° und bindet[20] sein Pferd daran[5] fest. Er legt sich[10] in ein Loch° in den Schnee und schläft ein[3].

frieren to freeze

Baumstamm tree stump
Loch hole

7

Die Sonne scheint hell, als[1] er am nächsten Morgen erwacht[20]. Er öffnet[20] die Augen weit[20] und sieht keinen Schnee mehr, sondern nur viele Gebäude°. Er liegt in der Mitte[20] einer Stadt vor einer Kirche. Aber sein Pferd? Er kann es nicht finden. Er sieht sich um[3], aber kein Pferd ist zu sehen°. Auf einmal hört er die Stimme° seines Pferdes. „Mein Pferd," ruft er, „wo kann es sein?" Bald kommen Leute, und er fragt: „Ich kann mein Pferd nur hören, wisst ihr, wo es ist?" Die Leute wundern[20] sich[10], denn auch sie hören das Pferd. „Die Stimme kommt vom Himmel," sagt ein Junge. „Ist dein Pferd im Himmel?"

Es war keine dumme[20] Frage. Alle schauen hinauf, und dort oben auf dem Kirchturm sehen sie das Pferd. Es ist an der höchsten[19] Turmspitze° festgebunden[19]. Sofort versteht Münchhausen alles: In der Nacht schneite[8] es so lange, bis alle Gebäude ganz unter dem Schnee lagen[8]. Am Morgen liess die Sonne den Schnee schmelzen°, und die Stadt wurde[8] wieder sichtbar. Der Baumstamm, an den[11] Münchhausen sein Pferd band[8], war kein Baumstamm, sondern die Spitze[19] des Kirchturmes.

Münchhausen nimmt seine Pistole[20] und schiesst nach[2] dem Seil° am Halse[13] des Pferdes. Das Seil zerreisst°, und das Pferd fällt vom Turm herunter[4] vor die Füsse des Barons. Münchhausen springt darauf und reitet weiter nach[2] Norden[20].

Die Axt auf dem Mond

Einmal fangen° die Türken den Baron und verkaufen ihn als Sklaven° an den Sultan[20]. Jeden Tag muss Münchhausen die Bienen° des Sultans auf[2] die Wiese bringen. Er trägt immer eine silberne[20] Axt[20] bei sich, die[11] das Symbol[20] der Sultansleute[19] ist.

Gebäude building

ist zu sehen is to be seen
Stimme voice

Turmspitze point of the steeple

schmelzen lassen to cause to melt

Seil rope
zerreissen to rip

fangen to capture
Sklave slave
Biene bee

Eines Abends hört er einen Lärm° in der Nähe des Bienenstocks° und sieht dort zwei Bären[20]. Diese Bären wollen den Honig[20] holen. Münchhausen wirft seine Axt stark nach den zwei wilden[20] Tieren. Sie trifft° die Bären aber nicht, sondern fliegt auf[2] den Mond und bleibt dort fest stecken.

Jetzt denkt Münchhausen: „Wie bekomme ich meine Axt zurück[3]? Es gibt nicht so lange Leitern°. Ah, ich kann eine Bohne° pflanzen° und sie zum Mond wachsen lassen. Da[1] die türkischen[19] Bohnen am schnellsten[19] wachsen, muss ich nicht so lange warten."
In der Nacht pflanzt er eine türkische Bohne, und sie wächst in derselben Nacht bis zum Mond hinauf[4]. Früh am[2] Morgen klettert° er an der Pflanze hinauf[4] und ist spät am Abend auf dem Mond. Er ist froh, dass[1] er die Axt wiederhat[19] und will schnell auf die Erde, und in die Türkei[19], zurückklettern[19]. Leider aber war die Sonne am[2] Tage so heiss, dass[1] er seine Bohnen-pflanze[19] völlig zusammengetrocknet° findet, und er kann sie nicht mehr erreichen. Schnell macht er sich[10] ein Seil aus einer Mondpflanze[19]. Diesen bindet er an[2] einem[14] Horn[19] des Mondes fest. Das Seil aber reicht nicht bis zur Erde. Jedesmal, wenn[1] er am unteren Ende des Seiles kommt, schneidet er mit seiner Axt das Stück über sich[10] ab° und bindet es unten wieder an[3]. Plötzlich aber, als[1] er noch in den Wolken hängt, zerreisst das Seil und Münchhausen fällt tief hinunter[4] zur Erde. Er fällt mit solcher Gewalt° auf den Erd-boden[19], dass[1] er ein tiefes Loch in die Erde macht. Es ist so tief, dass[1] er nicht herausklettern[19] kann. Seine Fingernägel sind[7] aber inzwischen° so lang gewachsen, dass[1] er sich damit[5] eine Treppe° in die weiche Erde graben und so zu seinen Bienen zurückkommen kann.

Lärm noise

Bienenstock bee hive

treffen to hit

Leiter ladder

Bohne bean
pflanzen to plant

klettern to climb

zusammengetrocknet dried up

abschneiden to cut off

Gewalt force

inzwischen in the meantime
Treppe stairway

Wilhelm Tell

Es ist in dem vierzehnten Jahrhundert.° Wilhelm Tell lebt in der Schweiz° in der Nähe der Stadt Altdorf. Er hat nicht viel Gut° und Geld, aber er ist glücklich, denn seine Familie[20] ist froh und gesund. Tell arbeitet auf[2] den Feldern und geht oft mit seinem Sohn in den Alpen[20] jagen°. Er ist ein ausgezeichneter Armbrust-Schütze°. Er interessiert sich[10] nicht für[2] Politik[20], sondern fast nur für seine Familie und die Natur[20].

Zu[2] dieser Zeit ist die Schweiz ein Teil des deutschen Reiches. Der Kaiser[20], der[11] in Österreich in Wien° lebt, schickt einen Landvogt° namens Gessler in die Schweiz. Gessler ist stolz und arrogant. Das Volk[20] in seinem Lande[13] hasst ihn und hofft auf[2] das Ende seiner Herrschaft°.

Einmal steckt dieser Tyrann[20] in der Mitte der Stadt Altdorf seinen Hut auf eine lange Stange° und sagt zu seinen Soldaten: „Alle sollen sich[10] vor diesem Hut verneigen°. In dieser Weise sollen sie ihren Respekt[20] für den Kaiser zeigen. Bringt[6] jeden sofort zu mir, der[11] es nicht tut!" Nicht lange danach[5] kommen Wilhelm Tell und sein Sohn Walter aus den Bergen in die Stadt und gehen an der Stange vorbei°. Sie sprechen

Jahrhundert century
Schweiz Switzerland
Gut und Geld wealth

jagen to hunt
Armbrust-Schütze archer

Wien Vienna
Landvogt provincial governor

Herrschaft rule

Stange pole

verneigen to bow

vorbeigehen to pass by

11

mit einander und sehen den Hut nicht. Sie verneigen sich[10] natürlich auch nicht. Ein Soldat hält sie an[3] und ruft: „In des Kaisers Namen! Haltet[6] an und steht[6]! Ihr zeigt keinen Respekt vor[2] dem Hut. Ihr seid Feinde° des Kaisers. Fort, fort zum Vogt[19]!" Dann bringt er Tell und seinen Sohn zu Gessler und erzählt ihm alles.

Feind enemy

Gessler ist sehr böse auf[2] Tell und sagt: „Ich kann dich ins Gefängnis° werfen, sogar dein Leben enden[20], wenn ich will. Warum zeigst du keinen Respekt vor dem Hut?" „Ich bin ein freier Mensch," sagt Tell. „Ich grüsse keinen Hut." „Ich hoffe," antwortet Gessler, „dass[1] du besser schiesst als sprichst. Du bist ein Meisterschütze°, nicht wahr?" „Mein Vater kann aus[2] hundert Schritt° einen Apfel vom Baume schiessen!" ruft Walter. Gessler kann das kaum glauben. „Nun, Tell," sagt er, „das muss ich sehen. Nimm[6] die Armbrust° und komm[6] mit mir. Du musst aus hundert Schritt einen Apfel vom Kopfe deines Sohnes schiessen. Wenn[1] du das tust, sollst du leben bleiben." „Wie können Sie das sagen?" sagt Tell. „Das kann man von einem Vater nicht verlangen°! Ich tue es nicht! Ich schiesse keinen Apfel vom Kopfe meines Kindes!"

Gefängnis prison

Meisterschütze master archer

Schritt(e) steps, paces

Armbrust bow

verlangen to demand

Gessler aber will es sehen. Er bringt Walter vor einen Baum und tritt hundert Schritte vom Baume zurück[3]. „Steh[6] hier und schiess[6] oder stirb[6] mit deinem Sohn!" ruft er Tell zu[3]. „Ich will nicht!" sagt Tell. „Ich will nicht der Mörder[20] meines Sohnes sein. Sie haben kein Kind und wissen nicht, wie[1] es im Herzen[13] eines Vaters ist."

Walter hört alles vom Baume[13]. Er ruft seinem Vater zu[3]: „Ich fürchte° mich[10] nicht. Schiess[6], Vater! Du kannst es. Ich weiss es." Gessler geht zu Walter mit einem Seil. Er will ihn an[2] den Baum binden, aber Walter sagt: „Mich binden! Nein, tun[6] Sie das nicht, lieber Herr. Ich halte still[20] wie ein Lamm[20]. Aber bitte binden[6] Sie mich nicht!" „Ich werde[16] dir die Augen

sich fürchten to be afraid

12

zubinden," sagt Gessler. „Nein!" ruft Walter. „Warum
die Augen? Denken Sie, ich fürchte den Pfeil° von
Vaters Hand? Setzen[6] Sie den Apfel gleich auf meinen
Kopf. Ich habe keine Angst°."

Pfeil arrow

Angst fear

Gessler setzt den Apfel auf den Kopf des Jungen[13].
Er denkt: „Was für ein tapferer° Junge. Niemand kann
einen Apfel aus hundert Schritt treffen." „Schiess[6] zu[3],
Vater!" ruft Walter. „Ich fürchte mich[10] nicht." Tell
versteht, dass[1] er es tun muss. Wenn[1] er den Apfel
nicht schiesst, müssen beide sterben. Er hält die
Armbrust hoch und schiesst. Der Pfeil fliegt und trifft
mittendurch[19] den Apfel. „Ein Meisterschuss[19]," rufen
alle. „Davon[5] wird[16] man noch viele Jahre lang
sprechen." Walter kommt mit dem Apfel und dem
Pfeil und sagt: „Vater, hier ist der Apfel. Ich hatte[8]
keine Angst. Du bist der beste Schütze der Welt."

tapfer brave

Gessler ist erstaunt. „Bei Gott," denkt er, „den
Apfel mittendurch geschossen[19]. Das war ein Schuss[19].
Ich muss ihn loben°." „Tell," sagt er, „das war ein
Meisterschuss. Aber du hast[7] einen zweiten Pfeil zu dir
genommen. Warum denn das?" „Hätte[18] ich mein
Kind getroffen°, wäre[18] dieser Pfeil für Sie gewesen°,"
antwortet Tell. „Ich habe[7] dein Leben, aber nicht deine
Freiheit[19] versprochen°," sagt Gessler. „Solch ein
Mensch soll nicht frei sein. Nehmt[6] ihn, Soldaten!
Bindet[6] ihn! Ins Gefängnis!" „O Vater, Vater, lieber
Vater," ruft Walter, während[1] die Soldaten Tell sofort
ins Gefängis führen.

loben to praise

hätte ich getroffen
if I had hit
wäre gewesen would
have been
versprechen to promise

Aber Wilhelm Tell entkommt°. Auf einer engen
Strasse im Walde[13] wartet er auf[2] den Landvogt, und
nun schiessst er den zweiten Pfeil. Er trifft den Tyran-
nen[20] mitten ins Herz. Dies war der Anfang der
Schweizer[19] Freiheit.

entkommen to escape

Die Lorelei

In der Stadt Bacharach am Rheine[13] lebt die wunder-
schöne[19] Jungfrau° Lorelei. Viele Männer lieben sie, **Jungfrau** maiden
weil[1] sie so schön und fein[20] ist. Aber sie liebt nur
einen Mann, und der ist auf[2] einer Reise nach[2] Osten.
Wenn[1] er zurückkommt, will sie seine Frau werden.
Nun aber führt sie ein trauriges Leben. Männer
kämpfen° miteinander um[2] ihre Liebe, und viele **kämpfen** to fight
sterben wegen ihr. Alle, die[11] ihre Liebe nicht ge-
winnen können, sagen, dass[1] sie eine Zauberin° ist. **Zauberin** sorceress, witch
Endlich muss sie vor dem Bischof[20] von[2] Köln stehen,
der[11] entscheiden° soll, ob[1] sie wirklich eine Zauberin **entscheiden** to decide
ist. Weil[1] die Jungfrau so traurig und einsam° ist, sagt **einsam** lonely
sie zum Bischof: „Herr, lassen[6] Sie mich sterben, ich
bin des Lebens müde. Meine Augen sind zwei Flam-
men[20], mein Arm[20] ein Zauberstab°. Jeder, der[11] meine **Zauberstab** magic wand
Augen sieht, muss sterben. Lassen[6] Sie mich auch
sterben!" Der Bischof versteht, dass[1] sie keine Zauberin
ist und sagt: „Die Männer machen dir[15] das Leben
schwer. Du sollst nicht länger leiden°, du schöne **leiden** to suffer
Lorelei. Im Kloster° kannst du auf[2] deinen lieben **Kloster** cloister
Mann warten." „Mein Liebster[19] ist mir[14] nicht treu,"
sagt sie leise mit wilden[20] Augen und roten Wangen°, **Wange** cheek

„denn er soll seit vier Wochen wieder hier sein. Ich möchte[18] sterben, das Herz tut mir[14] so weh. Ich kann nicht länger[19] leben, weil[1] er nicht bei[2] mir ist." „Du sollst eine Nonne[20] werden," sagt der Bischof. „Bereite° dich[10] auf Erden auf[2] den Tod vor[3]." Darauf lässt° er drei Ritter holen und sagt zu ihnen: „Bringt[6] sie ins Kloster und behütet° sie auf dem Wege!" Lorelei fällt dankbar[19] auf die Kniee und küsst[20] seinen Mantel. Dann reiten[20] die drei Ritter mit der schönen Lorelei zum Kloster.

vorbereiten to prepare

lässt Ritter holen has knights fetched

behüten to protect

Bald kommen sie an einen grossen Felsen° am Rhein, und die traurige Jungfrau sagt zu den Rittern: „O Ritter, lasst[6] mich noch einmal auf[2] diesen grossen Felsen gehen. Ich will noch einmal tief zum Rhein hinuntersehen[4]." Obwohl[1] der Felsen sehr steil° ist, steigt° sie hinauf[3] und bleibt ganz oben stehen. Auf einmal bemerkt sie ein Schiff[20] auf dem Rhein. Als[1] es sich[10] dem Felsen[14] nähert, sieht sie ihren Liebsten daraufstehen[19]. Sie weint[20] vor[2] Freude, als[1] der schöne Ritter auf dem Schiff mit seinem Hut fröhlich zu ihr hinaufwinkt°. Als[1] alle Schiffer in die Höhe schauen, bemerkt niemand von[2] ihnen den Strudel° und die gefährlichen° Steine unter dem Wasser. Das Wasser zieht das Schiff so stark gegen die Steine, dass[1] es zerbricht[19] und im Strudel untergeht. Indessen wollen die drei Ritter auf den Felsen zur Lorelei steigen, aber sie fallen in den Fluss und ertrinken°.

Felsen cliff

steil steep

hinaufsteigen to ascend

hinaufwinken to wave (up)

Strudel whirlpool

gefährlich dangerous

ertrinken to drown

Die Jungfrau schreit, als ihr Liebster in dem Wasser untergeht[19]. Ausser° sich vor Schreck schaut sie hinab[4] ins Wasser. Nun sieht sie das weisse Gesicht mit dem goldenen Haar unter dem Wasser. Da[1] ihr Liebster und all ihre Hoffnung[19] im Wasser versunken[20] ist[7], stürzt° sie sich[10] in den Rhein hinunter[4] auf den toten Körper ihres Liebsten. Im nächsten Augenblick zieht das Wasser die beiden hinunter[4]. Seit diesem traurigen Tage[13] hören die Schiffer hier in der Nähe des Felsens sonderbare° Melodien[20] ertönen°. Manche Schiffer,

ausser sich vor Schreck beside herself with fear

stürzen to plunge

sonderbar strange
ertönen to resound, sound

die[11] sie hören, sehen auch eine schöne Zauberin oben auf dem Felsen. Da sitzt sie, während sie ihr wunderbares goldenes[20] Haar kämmt° und ihre traurige Melodie singt. Wegen ihrer Schönheit und ihrer süssen Stimme vergessen viele Schiffer alle Gefahren[19] des Wassers, stürzen gegen die schrafen[20] Steine und müssen ertrinken.

kämmen to comb

Der tapfere Sohn eines Grafen am Rhein hört von der Schönheit der Lorelei und will sie sehen. Er fährt in der Nacht mit einem alten Schiffer zu dem Felsen. Auf einmal° hört er das schöne Lied der Lorelei. Er schaut hinauf[4], für einen Moment wie im Traum. „Die Lorelei," sagt der Alte[19] leise° an seiner Seite[20], „Sehen Sie, die Zauberin?" Der Junge antwortet nicht, schaut nur in die süssen Augen der Jungfrau. Ihr goldenes Haar schimmert[20] in der dunklen Nacht und ihre Augen, wie Sterne, senken[20] sich[10] tief in das Herz des Jungen. Die Augen und die Lippen[20] locken° ihn näher[10] an den Felsen. „Lore," ruft der Junge, die Arme in die Höhe gestreckt. In diesem Augenblick blitzt° und donnert es hinter dem Felsen. Das Wasser zieht Schiff und Schiffer hinunter[4]. Von der Höhe ertönt noch die traurige Melodie.

auf einmal suddenly

leise softly

locken to lure

blitzen to lighten (lightning)

Als[1] der Graf von dem Tode seines Sohnes hört, ruft er seine Ritter zu sich und sagt: „Geht[6] zu dem hohen Felsen der Lorelei! Dort findet ihr die Zauberin. Stürzt[6] sie in den Strudel hinunter[4], damit[1] sie niemanden wieder in den Tod locken kann!" Die Ritter erreichen den Felsen. Als[1] sie hinaufsteigen, schreit ein Ritter der[14] Jungfrau zu[3]: „Du Zauberin, jetzt muss du sterben!" Da lacht die Jungfrau, wirft ihr Perlengeschmeide° in den Rhein hinunter[4] und ruft übers Wasser:

Perlengeschmeide pearl necklace

„Vater, geschwind°, geschwind,
Die weissen Pferde schick[6] deinem Kind!
Es will reiten mit Wellen° und Wind[20]."
Da bricht[20] ein grosser Sturm[20] aus[3]. Die Wellen des

geschwind quickly

Welle wave

17

Rheins reichen bis zu der Jungfrau hinauf[4] und tragen sie zum Fluss hinunter[4]. Die erschrockenen[19] Ritter sehen es und reiten schnell zum Grafen zurück[3], um[9] ihm diese sonderbare Geschichte zu erzählen. Danach sieht niemand die schöne Lorelei wieder. Oft aber hört man noch in der Nähe des Loreleifelsens[19] die singende[19] Stimme einer Jungfrau, leise und süss.

Rübezahl

Rübezahl, Herr der Gebirge°, ist schwer zu beschreiben, denn manchmal erscheint° er als Riese° mit einem buschigen[20] roten Bart[20], als Mönch[20] oder Bergwanderer[19], dann wieder als Tier oder Baumstamm[19] am Wege. Dieser Berggeist° bleibt oft in seinem Reich unter der Erde, wo[1] er ein schönes Schloss aus[2] Edelsteinen° und Gold und die wunderschönsten[19] Gärten hat, denn er liebt alle schönen Sachen°. Wenn[1] er sein Reich verlässt, wandert[19] er gerne durch das Riesengebirge, liegt im warmen Sonnenschein[19] auf den Wiesen und hört den Liedern[14] der Vögel zu[3]. Seit alten Zeiten erzählen die Leute von ihm, manche mit Angst und manche mit Freude, denn seit[12] tausenden[20] von Jahren spielt er den Leuten[14] gute und auch böse Streiche.

Einmal hat er den Einfall°, eine Zeitlang als Mensch zu leben. Er nimmt die Gestalt° eines Feldarbeiters[19] an[3] und arbeitet für einen Bauern[13]. Später arbeitet er als Schafhirt, danach als Richter°. Alle Arbeit macht er gut, aber sein Leben unter Menschen ist nicht schön, denn er findet seine Herren undankbar[19], faul und unehrlich°. Endlich gibt er seine Arbeit unter[2] Menschen wieder auf[3].

Gebirge mountain range
erscheinen to appear
Riese giant

Berggeist mountain spirit

Edelstein gem

Sache thing

Einfall idea
Gestalt figure

Richter judge

unehrlich dishonest

21

Eines Morgens sitzt er ruhig in den Bergen, als[1] er
die fröhlichen Stimmen spielender Mädchen im Wald
hört. Er schleicht° sich hinter einen Busch[20] und
schaut auf die Mädchen. Die schönste von allen, frisch[20]
wie der Frühling, ist die Tochter des Königs, die[11]
gerne oft in den Wald geht, um[9] unter den herrlichen
grossen Bäumen mit ihren Freundinnen zu spielen.
Heute sieht der Berggeist sie aber zum ersten Male. Er
wartet, bis[1] die Mädchen am Mittag nach Hause laufen.
Dann verwandelt° er ihren Spielplatz[19] im Walde,
sodass[1] sie sehr estaunt[20] sind, als[1] sie am Nachmittag
zurückkommen. Die roten Steine sind nun weisser
Marmor° und Rosen[20] blühen um den Bach° herum[4].
Rechts neben einem schimmernden[20] Wasserfalle[20] öffnet sich eine Höhle°, in der[11] viele bunte Edelsteine,
frisches Obst und Süssigkeiten liegen. Die Mädchen
können ihren[14] Augen kaum glauben und nähern sich[10]
angstvoll der[14] Höhle. Bald aber treten sie ein[3] und essen
nach Herzenslust°, während[1] sie fröhlich herumlaufen
und sich[10] alles besehen. Endlich sind sie ganz müde und
setzen sich[10] neben den Bach. „Das klare[20] kühle Wasser
ladet mich ein°. Ich möchte so gerne in diesem Bach
baden," sagt die Prinzessin[20] fröhlich. Sobald[1] sie
hineintritt, zieht sie das Wasser immer tiefer, bis[1] sie
vor den Augen ihrer erschrockenen Spielfreundinnen[19]
im Wasser untergeht[19]. Laut weinen die Freundinnen
der Prinzessin und bringen die traurige Geschichte zum
König. Der König ist ausser sich vor[2] Leid°. Er schickt
viele Männer in seinem Land herum[4], um[9] seine
Tochter zu finden. Nirgends° findet man einen Spielplatz, wie die Mädchen ihn beschreiben, und auch die
schöne Prinzessin ist nicht zu finden.
Indessen wohnt die Prinzessin bei Rübezahl in
seinem herrlichen Reich unter der Erde. Der Berggeist,
in Gestalt eines hübschen jungen Mannes, will sie
glücklich machen, aber sie bleibt immer traurig. „Die
schönen Blumen gefallen° mir[11]," sagt sie eines Tages,

sich schleichen to sneak

verwandeln change, transform

Marmor marble
Bach stream

Höhle cave

Herzenslust heart's desire

einladen to invite

Leid misery

nirgends nowhere

gefallen to be pleasing

„und ein so herrliches Schloss gibt es nicht auf der Erde. Du bist lieb und gut zu mir, aber ich vermisse[20] meine Freundinnen so sehr. Ich wollte[8] nichts sagen, aber ich bin so einsam°." Darauf läuft Rübezahl zu einem nahen Feld und holt für die Prinzessin einen Korb° voller gelber und weisser Rüben°. „Du kannst dich freuen, du schönste Tochter der Erde," sagt Rübezahl fröhlich. „In diesem Korb sind deine Freundinnen. Nimm[6] den Zauberstab° und mache damit[5] aus jeder Rübe eine Spielfreundin!"

°einsam lonely

°Korb basket
gelbe Rübe carrot
weisse Rübe turnip

°Zauberstab magic wand

Sofort berührt° die Prinzessin eine weisse Rübe mit dem Stab[19] und sagt: „Brunhilde, meine liebe Brunhilde! Komm[6] schnell zu mir!" Und gleich darauf steht Brunhilde da. Beide umarmen einander fröhlich und erzählen und spielen zusammen wie in alten Zeiten auf der Erde. Bald hat die Prinzessin alle ihrer Freundinnen bei sich, sogar ihre liebste Katze und ihren kleinen Hund Beni. Eine ganze Woche lang lebt sie fröhlich mit ihren Spielfreundinnen zusammen. Sie singen, tanzen und spielen von morgens bis abends. Aber die Prinzessin bemerkt, dass[1] die frischen jungen Gesichter mit jedem Tag dünner und blasser werden. Als[1] sie eines Morgens aufsteht, um[9] mit den Freundinnen zu spielen, findet sie nichts als kranke alte Frauen. Neben dem Bett liegt Beni. Er ist[7] in der einen Woche ganz alt geworden° und schon tot. Die Prinzessin läuft erschrocken zu ihrem Herrn und weint bitterlich[20]: „Du, du böser Geist, warum nimmst du meine Freundinnen so schrecklich von mir weg[3]?" „Sei[6] nicht böse auf[2] mich, meine Liebe," antwortet Rübezahl leise. „Wenn[1] der Saft° in den Rüben austrocknet°, kann der Zauberstab nicht mehr helfen. Aber sei[6] nicht traurig! Ich bringe dir bald mehr Rüben, damit[1] du wieder mit deinen Freundinnen spielen kannst." Die Prinzessin berührt mit ihrem Stab die Alten[19], sodass[1] sie wieder zu Rüben werden und wirft sie weg.

°berühren to touch

°ist geworden has become

°Saft juice
°austrocknen to dry up

Rübezahl weiss nicht, dass[1] die Prinzessin oft an[2] den jungen Prinzen[13] Ratibor denkt, den[11] sie sehr liebt. Sie möchte[18] gern zu ihm zurück, weiss aber nicht, wie[1] sie Rübezahl entfliehen° kann. Plötzlich hat sie einen Einfall. Mit dem Zauberstab macht sie aus[2] einer Rübe eine Elster° und sagt zu ihr: „Fliege[6] zu meinem lieben Ratibor und sage ihm[14], dass[1] ich bald entfliehen werde[16]. In drei Tagen soll er mit seinen Männern zu dem Berg des Dornigtals reiten[20] und dort auf[2] mich warten.

Nach drei Tagen zieht die Prinzessin ein Brautkleid° an[3] und geht zu Rübezahl. „Du bist immer so gut und treu," sagt sie, „dass[1] ich deinen Wunsch[20] erfüllen will. Ich werde deine Frau. Doch habe ich Angst, denn ich werde alt, während[1] du tausende von Jahren jung bleiben kannst. Wie weiss ich, dass[1] du mich immer lieben wirst[16]?" „Was kann ich tun, um[9] dir meine ewige° Liebe zu beweisen°?" fragt Rübezahl. „Geh[6] in jenes Feld und zähle[6] die Rüben!" sagt sie. „Gäste sollen beim Hochzeitsfest° sein. Wenn du die Rüben ganz genau zählst, glaube ich, dass[1] deine Liebe für mich ewig ist." Rübezahl freut sich, dass[1] er seine Liebe beweisen kann, und läuft zu dem Feld. Da verwandelt die Prinzessin eine Rübe in ein schönes starkes Pferd und reitet damit[5] zu dem Berg des Dornigtals, wo[1] Ratibor auf[2] sie wartet.

Indessen zählt Rübezahl die Rüben immer wieder, damit[1] er sie ganz genau zählt. Endlich ist er sicher, dass[1] die Zahl° richtig ist und geht schnell zu seiner schönen Braut[19]. Aber die Prinzessin ist nirgends zu finden, weder im Garten noch im Schloss. Er verwandelt sich in einen Vogel und fliegt hoch über sein Reich. In der Ferne bemerkt er viele Männer auf dem Berg des Dornigtals, und dort in den Armen[20] des Prinzen[13] Ratibor sieht er die junge Prinzessin.

Der nun einsame und traurige Berggeist schwört[20], nie wieder den Menschen zu trauen°, weil[1] er bei ihnen

entfliehen to flee, escape

Elster magpie (talking bird)

Brautkleid bridal gown

ewig eternal
beweisen to prove

Hochzeitsfest wedding

Zahl number

trauen to trust

24

so viel Böses gesehen und erlebt hat[7]. Er hilft den[14]
armen Leuten, aber diejenigen°, die treulos[19] oder   **diejenigen** those
unehrlich sind oder ihn spöttisch° Rübezahl nennen,   **spöttisch** mockingly
müssen oft unter[2] seinen bösen Streichen leiden.

Doktor Faust

Doktor Faust wird[17] in der Nähe von der Stadt Weimar als Sohn frommer° Leute geboren. Seine Eltern lassen ihn in Wittenberg Theologie[20] studieren[20]. Faust kommt weit im Studium° und wird Doktor der Theologie, daneben[5] Astrolog[20] und Mathematiker[20] und Doktor der Medizin[20]. Er findet auch die Zauberei° sehr interessant[20], und er studiert sie Tag und Nacht. Bei[2] diesem Studium kommt er unter böse Leute und wirft alle göttlichen Regeln in den Wind[20]. Ein Sprichwort sagt: „Was zum Teufel will, das lässt sich nicht aufhalten°"; und so erfährt° auch der Doktor Faustus ein schreckliches Ende.

Er möchte[18] gern mehr über[2] Zauberei lernen; darum will er den Teufel° kennenlernen°. Er geht in den Spessertwald bei Wittenberg. Am Abend zwischen neun und zehn Uhr macht er dort Kreise° in den Boden und lädt° damit[5] den Teufel. Ein Geist erscheint im Kleid eines grauen Mönches. Er spricht zu Faust und fragt nach[2] seinem Wunsch. Faust antwortet: „Du sollst mir morgen um[2] Mitternacht[20] wieder in meinem Hause erscheinen." In der nächsten Nacht erscheint der Geist des Teufels in Fausts Hause und

fromm pious

Studium studies

Zauberei witchcraft

Was zum Teufel will, das lässt sich nicht aufhalten. What is inclined to the devil will go to the devil.
erfahren to experience

Teufel devil
kennenlernen to get to know

Kreis circle

laden to summon

Faust erklärt ihm[14] seine Wünsche. „Erstens," sagt er, „sollst du allezeit bis zu meinem Tod mein Diener° sein. Zweitens sollst du alle meine Fragen ohne Falschheit beantworten. Ausserdem sollst du immer in der Gestalt° erscheinen, die[11] ich wünsche. Und endlich sollst du vor niemandem als vor mir erscheinen."

Darauf antwortet der Geist: „Ich will dir jeden Wunsch erfüllen, aber dafür[5] musst du den[14] Regeln des Teufels folgen. Ich bin nicht der Teufel selbst, sondern nur ein Geist des Teufels, und ich muss dir seine Regeln sagen: Erstens darfst du, Faust, keinen anderen Herrn[13] als den Teufel haben. Zweitens musst du deinen Pakt[20] mit dem Teufel mit deinem eigenen Blut[20] unterschreiben°. Drittens sollst du ein Feind aller frommen Menschen sein. Viertens darfst du keine frommen Gedanken° haben. Und schliesslich musst du nach vierundzwanzig Jahren deinen Körper und deine Seele° dem[14] Teufel übergeben[19]. Dafür[5] sollst du alles haben, was dein Herz nur wünscht." Faust ist so froh, alle seine Wünsche erfüllt zu bekommen, dass[1] er nicht einen Moment[20] wartet, sondern ein scharfes[20] Messer nimmt und sagt: „Mit eigner Hand und mit meinem eigenen Blute[13] schreibe und unterschreibe ich alles, was du sagst, damit[1] du es zum Teufel bringen kannst." Darauf fragt er den Geist nach[2] seinem Namen[13]. Der Geist antwortet: „Ich heisse Mephistopheles."

Nun lebt Doktor Faust in seinem Haus zusammen mit seinem jungen Schüler Christoph Wagner und dem bösen Geist Mephistopheles, der[11] meistens in der Gestalt eines grauen Mönches erscheint. Mephistopheles bringt den beiden die besten Speisen°, guten Wein[20] und die schönsten Kleider. All das ist gestohlene° Ware[20] aus allen Teilen der Welt. Aber mit diesem gemütlichen Leben ist Faust nicht zufrieden. Er will auch eine Frau haben. Mephistopheles warnt[20] ihn: „Der Ehestand° ist ein Werk Gottes[20]. Weil[1] du

Diener   servant

Gestalt   figure

unterschreiben   sign

Gedanke   thought

Seele   soul

Speise   food

gestohlen   stolen

Ehestand   marriage

einen Pakt mit dem Teufel hast, kannst du nie eine
Frau nehmen. Du sollst dein Wort halten, sonst
zerreissen° wir dich in kleine Stücke." Darauf sagt
Faust: „Du sollst mir eine Frau geben, komme was
mag°." Da bricht ein grosser Sturm[20] um das Haus
aus[3], und es wird drinnen furchtbar heiss. Der Teufel
erscheint in eigener Person[20]. Er sieht so schrecklich
aus[3], dass[1] Faust um[2] Gnade° bittet. Der Satan[20]
sagt zu ihm: „Halte[6] dein Wort[20]! Ich sage dir[14], halte[6]
dein Wort!" Dann ist er wieder fort. Danach[5] kommt
der Geist Mephistopheles zu Faust und sagt: „Du
darfst keine Frau haben, aber ich will dir jede Nacht
das Mädchen bringen, das[11] du gerne haben möch-
test[18]."

Während[1] Doktor Faust weiter sein gottloses[20]
Leben führt, bringt Mephistopheles ihm grosse Bücher
über Zauberei, und er lehrt ihn Astrologie und Mathe-
matik so gut, dass[1] er wunderbare[20] Kalender[20],
Almanache[20] und Horoskope[20] schreiben kann. Nach
acht Jahren dieses Studiums träumt Faust oft von der
Hölle° und bittet darum[5], dass[1] ein Geist ihm die
Hölle zeigt. Zu[2] einer Mitternachtsstunde[19] holt der
Geist Beelzebub ihn mit einem Stuhl auf dem Rücken°
ab[3]. Er fliegt mit ihm in die Luft, und bald schläft
Faust in dem Stuhl ein[3]. Er erwacht auf einem hohen
Berg nahe einem tiefen Loch, woraus[5] hohe Flammen[20]
kommen. Er hort allerlei° schöne Instrumente[20], kann
aber keine sehen. Als der Geist ihn tief in das Loch
hinabbringt, sieht er um sich herum[4] nichts als schreckliche Insekten[20], Ratten[20] und grosse Schlangen. Da
fällt[20] Doktor Faust von dem Stuhl, und er stürzt°
immer tiefer in das Loch hinunter[4]. Er denkt voller
Angst, dass[1] sein Ende nahe ist. Ein grosser Affe
ergreift ihn und setzt ihn in einen grossen Wagen. Zwei
Drachen° ziehen den Wagen zu einem See[20] und lassen
ihn darin[5] versinken[20]. Er fällt immer tiefer in das
Wasser hinein[4], bis endlich Beelzebub mit seinem

zerreissen to rip
komme was mag come what may
Gnade mercy
Hölle hell
Rücken back
allerlei all kinds of
stürzen to plunge
Drache dragon

Stuhl zu ihm kommt, ihn aus dem Wasser zieht und mit ihm wieder nach Hause fährt.

Die Geister des Teufels erfüllen Fausts noch viele andere Wünsche. Eine Woche lang darf er die Sterne besuchen. Im sechzehnten Jahr seines Paktes mit dem Teufel reist er mit Mephistopheles durch alle Länder Europas[20] und bleibt unsichtbar° als Gast bei Bischö- fen[20] und Prinzen[20].

unsichtbar invisible

Studenten der Theologie und Medizin sind oft Gäste bei Doktor Faust. An seinem Tisch können sie die besten Weine und Speisen aus allen Ländern geniessen° und dabei[5] guter[14] Musik zuhören. Als[1] Faust an einem Sonntag im Februar mit den Studenten am Tisch sitzt, kommt die Rede° auf[2] schönen Mäd- chen. „Ich würde[18] kein Mädchen lieber sehen als die schöne Helena von Griechenland°," sagt ein Student. Doktor Faust antwortet: „Wenn[1] ihr alle still am Tisch sitzen bleibt, bringe ich sie zu euch." Er verlässt das Zimmer, und als[1] er wieder eintritt, folgt ihm[14] die Königin Helena. Sie ist so schön, dass[1] jeder Student sich in sie verliebt°. Sie bleibt eine Weile[20] bei ihnen und geht dann wieder hinaus[4]. Als[1] die Studenten später zu Bett gehen, können sie an[2] nichts anderes als an die schöne Helena denken und liegen die ganze Nacht über wach°.

geniessen to enjoy

Rede conversation

Griechenland Greece

sich verlieben in to fall in love with

wach awake

Als[1] Doktor Faust sieht, dass[1] das Ende der vier- undzwanzig Jahre immer näher kommt, möchte[18] er immer mehr Mädchen um sich haben. Im dreiund- zwanzigsten Jahr kommt eines nachts Helena aus Griechenland zu ihm. Er ist so in sie verliebt, dass[1] er mit ihr bis zu seinem Ende leben möchte[18]. So bleibt sie immer bei ihm und bringt einen Sohn zur Welt. Faust ist glücklich darüber[5] und nennt[20] ihn Justus Faust. Am Tag vor dem Ende des Paktes mit dem Teufel kommt Mephistopheles zu Faust, liest ihm einen Brief vor[3] und sagt: „Der Teufel wird deinen Körper und deine Seele in der nächsten Nacht holen."

30

Doktor Faust weint die ganze Nacht. „Ach, ich armer Mann," denkt er, „warum bin ich nicht ein Tier, das ohne Seele stirbt, damit[1] ich nicht ein so schreckliches Ende erfahren muss." Am Morgen trifft er seine Freunde in einem Wirtshaus und sagt zu ihnen: „Ihr wisst, was für ein gottloser Mensch ich bin und wie ich die vergangenen° vierundzwanzig Jahre mit dem Teufel gelebt habe[7]. Heute nacht muss ich meinen Körper und meine Seele dem[14] Teufel übergeben[19]. Ich rufe euch hier zusammen, um[9] euch vor meinem Ende noch brüderlich[19] und freundlich[19] Lebewohl° zu sagen. Ich bitte euch, heute nacht ruhig zu schlafen und keine Angst zu haben, wenn[1] ihr etwas Böses hört. Im Herzen[13] bitte ich Gott um[2] Gnade, damit[1] er meine Seele rettet° und der Teufel nur meinen Körper bekommt."

In der Nacht hören die Studenten einen grossen Sturm um das Wirtshaus heulen[20]. Es pfeift schrecklich, als[1] ob das Haus voll von Insekten, Schlangen, Ratten und anderem Gewürm° ist. Dann hört man Faust schreien; bald danach[5] ist es still[20]. Als[1] es Tag wird, gehen die Studenten in Fausts Zimmer. Das Zimmer sieht so schrecklich aus[3], dass[1] die Studenten vor Angst schreien müssen. Die Wände sind voller Blut und Fausts Körper liegt in kleinen Stücken auf dem Boden.

Diese wahre Geschichte vom Doktor Faust lehrt, dass[1] man sich nicht für Zauberei und Teufelswerk[19] interessieren darf und den Teufel nicht zu[2] Gast laden soll.

---

vergangen past

Lebewohl! Good-bye!

retten to save

Gewürm crawling animals

Doktor Eisenbart

Im siebzehnten Jahrhundert ist Doktor Eisenbart der berühmteste aller Ärzte. Man sagt, dass[1] er die Lahmen° wieder zum Sehen und die Blinden[19] zum Gehen verhilft[19]. In jeder deutschen Stadt, spricht man von seinen sonderbaren Methoden[20] und wundervollen Kuren[20]. Er ist auch wegen seiner fantastischen Spiele die wichtigste° Person auf[2] dem Markt. Hier sieht man seinen grossen Wagen mit Schmuck° aus Gold und bunten Farben. Vor dem Wagen steht die Bühne°. Darauf[5] spielen lustige Pfeifer[20] und Trompeter[20], sonderbare Frauen mit grossen Schlangen, Turner° mit Feuerringen[20], Araber[20] mit langen Messern, lustige Komiker[20] und schöne kaum bekleidete[19] Tänzerinnen[19]. Als[1] alle Leute in einer grossen Gruppe[20] ganz erstaunt[20] da stehen, öffnet sich eine grosse Tür in der Mitte des Wagens. Dort in einem grossen rot-goldenen[19] Mantel steht der Doktor Eisenbart selbst. Mit dem Ärztestab° in der Hand geht er auf die Mitte der Bühne und ruft stolz: „Ich bin der berühmte Eisenbart! Ich kuriere[20] die Leute nach meiner Art°." Da kommen die Kranken[19] zu ihm. Eisenbart operiert[20] in seinem Wagen, dann fährt er

Lahme lame person

wichtig important

Schmuck decorations

Bühne stage

Turner gymnast

Ärztestab medical staff

Art way

33

mit seinem Wagen und seinen Spielern[19] in die nächste
Stadt. Von nah und fern suchen nicht nur die Armen,
sondern Könige und Prinzen seine Kuren.

In Dudeldum kann der Sohn des Küsters° nicht
schlafen. Doktor Eisenbart gibt ihm deshalb zehn
Pfund° Opium[20]. Darauf[5] schläft der Junge viele Jahre
lang und ist[7] bis heute noch nicht aufgewacht. Zu[2]
Potsdam ist der Koch[20] des grossen Friederich ein
bisschen verrückt°. Darum sägt° Doktor Eisenbart
ihm[15] den Vorderteil[19] des Kopfes ab[3]. Zu Ulm hat ein
Mann Angst vor[2] den Kuhpocken[19] und will eine
Impfung° dagegen[5] haben. So impft[19] Doktor Eisenbart
ihn mit dem Bratspiess° in den Arm, bis[15] alles Blut
aus ihm herausläuft[19].

Zu Langensalz hat ein Mann einen grossen Kropf°
am Hals. Doktor Eisenbart bindet ein starkes Seil
darum[5] und zieht damit[5] den Kropf und Hals weg[3].
Zu Wien hat ein Mann grosses Zahnweh°. Mit seiner
Pistole[20] schiesst Doktor Eisenbart den schlechten
Zahn[19] heraus[4]. Sein allergrösstes[19] Meisterstück[19]
macht er in Osnabrück. Da tun einem Mann[15] die
Zehen° sehr weh, daher schneidet Doktor Eisenbart
ihm die beiden Beine ab[3]. Dass[1] Doktor Eisenbart der
grösste Arzt aller Zeiten ist, kann man leicht an diesen
Beispielen sehen, denn nach einer Operation[20] von
diesem Wunderarzt[19] denkt der Kranke an seine
Schmerzen nicht mehr.

Küster church caretaker

Pfund pound

verrückt crazy
absägen to saw off

Impfung injection

Bratspiess roasting spit

Kropf goiter

Zahnweh toothache

Zehe toe

Der Rattenfänger

Im Juni des Jahres 1284 gibt es in der Stadt Hameln an der Weser° eine grosse Rattenplage°. Jeden Tag kommen mehr Ratten[20] in die Stadt hinein[4], bis[1] man sie in allen Häusern und auf allen Strassen sieht. Bei Tag und Nacht erschlägt° man diese Ratten, aber die Zahl° der Ratten wird immer grösser. „O, diese Ratten, was für eine Plage[19]!" rufen die Bürger. „Wir finden die Tiere in jeder Ecke eines Hauses, in Taschen, Schuhen, Betten; und es wird immer schlimmer°. Sie fressen alles auf[3] und werden immer dicker, während[1] unsere Kinder dünner und schwächer werden. Was sollen wir tun? Zum Bürgermeister, ja, er muss die Antwort finden!"

Viele Bürger treffen sich[10] und gehen zusammen zum Rathaus. Sie bitten den Bürgermeister um[2] Hilfe, aber der weiss keine Antwort. „Niemand weiss eine Antwort," sagt er, „niemand." „Niemand ausser mir," ruft jemand hinter den Leuten. Alle schauen auf den Sprecher[19]. Er ist ein junger Mann mit einer krummen° Nase und einem langen Schnurrbart°, und auf dem Kopf trägt er einen Hut mit einer roten Feder. Er hat eine grüne Jacke an und enge rote Hosen mit einem breiten Ledergürtel°. Statt Schuhen trägt er Sandalen[20] an den

Weser name of a river
Rattenplage plague of rats

erschlagen to beat
Zahl number

immer schlimmer worse and worse

krumm crooked
Schnurrbart mustache

Ledergürtel leather belt

langen Füssen. „Jawohl, ihr Leute, ich kann euch noch heute mit dieser Pfeife° von den Ratten befreien[20]," sagt er, indem[1] er eine lange Pfeife aus der Tasche hervorbringt.

Alle Leute müssen über den Pfeifer lachen, denn er sieht so sonderbar° aus[3]. Sie glauben ihm[14] nicht, was er sagt und rufen ihm zu[3]: „Du, Pfeifer[19], du willst Ratten fangen? Das kannst du nicht! Fort! Mit unsrer Plage haben wir keine Zeit für dumme Spässe°." „Ich sage euch, ich kann euch von den Ratten befreien. Wieviel zahlt° ihr mir, wenn[1] ich noch heute die Ratten aus dieser Stadt herausbringe?" „Hundert Dukaten° zahlen wir dir gern, wenn[1] du uns von den Ratten befreist," sagt der Bürgermeister zu dem jungen Mann. „Ja, hundert Dukaten ist nicht zuviel," rufen die Bürger. „Wir zahlen dir das Geld gern, wenn du uns hilfst, und bleiben dir für immer dankbar."

Der Pfeifer ist damit[5] zufrieden. Er nimmt die Pfeife an den Mund und fängt° an[3] zu pfeifen, zuerst eine leise langsame Melodie[20], dann aber schneller und lauter, bis[1] man die Musik[20] in allen Strassen in Hameln hört. Aus allen Ecken kommen die Ratten auf die Strassen und nähern° sich[10] in grossen Gruppen[20] dem[14] Pfeifer. Die Bürger auf dem Marktplatz erschrecken vor[2] diesen vielen Ratten und sagen: „Ist es möglich, dass[1] die Ratten diesem[14] sonderbaren Menschen[13] folgen? Ist er ein Rattenfänger oder ein Teufelspfeifer°? Was will er jetzt tun?" Da beginnt der Rattenfänger, durch die Strassen zu gehen, während[1] er weiter seine sonderbare Melodie spielt. All die Ratten folgen ihm[14], und tausende[20] kommen noch dazuge-laufen°. Er führt sie hinunter[4] zur Weser, wo[1] alle Ratten in das Wasser springen und ertrinken°.

„Wir sind frei[20], wir sind von den Ratten befreit," rufen die Bürger. „Tirilirie, tirilirie, er fängt die Ratten wie noch nie!" singen die Kinder und tanzen durch die Strassen. Am Abend feiern die Leute von Hameln auf

Pfeife	pipe
sonderbar	strange
dumme Spässe	ridiculous nonsense
zahlen	to pay
Dukaten	ducat (an old coin)
anfangen	to begin
sich nähern	to near
Teufelspfeifer	devil's piper
dazugelaufen	running along
ertrinken	to drown

dem Marktplatz ein grosses Fest. Mitten[19] im Tanz hören sie die Pfeife des Rattenfängers. Der Tanz hört plötzlich auf°, und alle stehen stumm°. Sie haben[7] den Rattenfänger ganz vergessen[20], aber jetzt kommt er und will seinen Lohn° haben. „Ich habe[7] euch von den Ratten befreit, gebt[6] mir nun meine hundert Dukaten!" sagt er. „Aber es war ein leichtes Spiel," antwortet der Bürgermeister, „und es ist nicht hundert Dukaten wert°." „Du erwartest° sicher nicht so viel für das bisschen Pfeifenspiel[19]," rufen die Bürger. „Einen Dukaten geben wir dir," sagt der Bürgermeister. „Hier, nimm[6] den Dukaten[13], das ist genug für dein Pfeifenspiel. Jetzt fort, wir wollen dir nicht mehr für dein Teufelswerk[19] zahlen." „Ich will meinen versprochenen° Lohn haben," sagt der Pfeifer. „Bricht man hier so leicht sein Wort? Dazu keinen Dank? Ich will euren Dukaten nicht haben, ich nehme meinen Lohn von euren Kindern. Auf Wiedersehen."

Alle Bürger lachen, als[1] der Rattenfänger geht, und denken nicht mehr an[2] ihn. Am nächsten Sonntag, dem 26. Juni, sind die meisten Leute in der Kirche, darum sehen sie den Fremden° nicht, als[1] er wieder die Stadt betritt[19]. Mehrere Kinder auf der Strasse sehen ihn und rufen fröhlich: „Ach, da ist ja der komische° Rattenfänger. Dein Federhut[19], der sieht recht lustig aus. Das Pfeifen aber ist noch schöner. Spiel[6], lieber Rattenfänger, spiel! Wir finden, du spielst wunderschön." Wieder geht der Pfeifer durch die Strassen von Hameln, und wieder spielt er seine sonderbare Melodie. Jetzt kommen die Kinder aus ihren Häusern, alle Kinder zwischen vier und vierzehn Jahren. Sie folgen dem[14] jungen Mann mit seiner Pfeife. Er führt sie aus der Stadt hinaus[4], über die Weser und durch den Wald bis in die Berge. Dort pfeift der Spielmann[19], worauf sich[10] ein Berg öffnet, in den[11] er die Kinder hineinführt[19]. Sie merken nicht, wie der Berg sich[10] hinter ihnen wieder schliesst.

aufhören to stop
stumm silent, mute

Lohn reward

wert worth
erwarten to expect

versprochen promised

Fremde stranger

komisch funny

In der Stadt erschrecken die Bürger, als[1] sie nach Hause kommen und ihre Kinder nicht finden. „Wo sind die Kinder denn, wo können die Kinder sein?" rufen alle. „Gretchen, Ännchen, kommt[6] hervor[4]!" Der Bürgermeister ist ausser sich vor Angst und schreit: „Meine lieben Kinder, alle fünf, wo seid ihr nur? Was für ein Unglück ist[7] in unsrer Stadt geschehen°?" Da kommen zwei Kinder weinend[19] nach Hause. Eins ist stumm° und das andere blind[20]. „Was ist los?" fragt der Bürgermeister den Blinden[19]. „Kannst du uns sagen, wo die anderen Kinder sind?" „Das weiss ich nicht," sagt der Junge. „Der Spielmann hat[7] uns schöne Melòdien auf seiner Pfeife gespielt, und wir sind[7] ihm[14] gefolgt. Lieschen hier hat[7] mir geholfen, denn ich konnte[8] den Weg nicht sehen. Wir waren[8] die Letzten[19], Lieschen und ich, und bald konnten[8] wir die Musik nicht mehr hören. Die anderen sind[7] fortgelaufen, ich weiss nicht wohin[5]. Lieschen kann es euch vielleicht zeigen."

Weil[1] Lieschen nicht sprechen kann, führt sie die Bürger zu dem Berg und zeigt darauf[5]. Die Bürger können es nicht verstehen und suchen die Kinder tagelang[19] in der Nähe deises Berges. Endlich geben sie auf°. „Ihr wisst es wohl," sagt ein Alter[19], „der Rattenfänger hat[7] sich[10] als seinen Lohn eure Kinder genommen, weil[1] ihr ihm die hundert Dukaten und euren Dank nicht geben wolltet[8]. Ihr werdet[16] die Kinder niemals wiedersehen." „Ach, welch ein Unglück! Gott straft° uns hart[20] für unsre Tat°," sagt der Bürgermeister. „Er hat[7] 130 Kinder von uns genommen. Doch wir geben nicht auf[3], sondern suchen unsre Kinder in allen Ländern, bis[1] wir etwas von[2] ihrem Schicksal° hören."

Erst° 150 Jahre später hören die Leute in Hameln von[2] dem Schicksal der Kinder. Die Mütter, Väter und Geschwister der Kinder können das Schicksal nicht hören, denn sie leben nicht mehr. Die Kaufleute° von Bremen erzählen von[2] Leuten in der Gegend von

ist geschehen	has happened
stumm	mute
aufgeben	to give up
strafen	to punish
Tat	deed
Schicksal	fate
erst	not until
Kaufleute	merchants

Transylvanien[20] in Rumänien[19], die[11] nicht Rumänisch, sondern nur Deutsch sprechen. Diese Leute sagen, ihre Heimat ist Deutschland, aber sie wissen nicht, wie[1] sie nach Rumänien gekommen sind[7]. Bis heute glauben die Leute von Hameln, dass[1] diese Transylvanier[19] Nachkommen° der Kinder sein müssen, die[11] einst   **Nachkomme** descendant dem[14] Rattenfänger gefolgt sind[7].

Siegfried

Siegmund, der König der Niederlande°, stirbt im Kampf°. Sieglinde, die Frau des Königs, flieht[20] von den Feinden[13] mitten in der Nacht in den Wald und hier gebärt° sie einen Sohn. Wenige Minuten danach[7] stirbt sie und lässt das kleine Kind allein in der Welt. In diesem Wald lebt auch ein Schmied° namens Mime, der[11] im ganzen Lande[13] für sein Handwerk[19] berühmt ist. Eines Tages sieht er einen wunderschönen Jungen, der[11] weder sprechen noch ihn verstehen kann. Mime nimmt ihn mit sich nach Hause. Er und seine Frau geben ihm den Namen[20] Siegfried und ziehen ihn wie einen Sohn auf°. Siegfried wird immer stärker und wilder[20]. Mit zwölf Jahren kann er Männer im Kampf schlagen und ein Stück Eisen° mit einem Hammerschlag[19] in tausend Stücke zerschmettern°. Mime und seine Frau haben endlich mehr Angst vor[2] ihm als Liebe.

Eines Tages sagt Mime zu Siegfried: „Willst du heute vielleicht im Walde Bäume fällen[20]? Solche Arbeit kannst du gut machen." Mime führt ihn dann zu der Stelle°, wo[1] er das Holz fällen soll. Er sagt aber nicht, dass[1] der schreckliche Drache° Fafner in der Nähe

Niederlande Netherlands

Kampf battle

gebären to bare, give birth to

Schmied blacksmith

aufziehen to raise

Eisen iron

zerschmettern to smash

Stelle place

Drache dragon

43

wohnt. Als[1] Mime wieder nach Hause geht, schwingt[20] Siegfried die Axt[20] so stark, dass[1] bald viele grosse Bäume auf dem Boden liegen. Plötzlich hört er etwas und sieht, dass[1] ein schrecklicher Drache auf[2] ihn zukommt. „Gut," ruft Siegfried fröhlich, „jetzt kann ich meine Kraft° zeigen." Schnell ergreift er einen Baumstamm[19] und schlägt damit[5] zweimal so stark zu[3], dass[1] der Drache tot zu Boden fällt. Dann schlägt er den Kopf des Drachen ab[3] und badet in dem Blut[20], weil er weiss, dass[1] dieses Bad ihn unverletzbar° macht. Er bemerkt nicht, dass[1] ein Blatt auf seinem Rücken° zwischen den Schultern[20] liegt, sodass[1] an diese Stelle kein Drachenblut[19] kommt.

Nach dem Bad zieht Siegfried die Kleider wieder an[3], nimmt den Drachenkopf[19] mit nach Hause und sagt zu Mime: „Bei dir kann ich nicht länger bleiben, weil[1] du mich zum Drachen[13] geführt hast[7], damit[1] er mich töte°." „Ich halte[20] dich nicht länger," antwortet der Schmied und gibt ihm als Geschenk die besten Waffen°. „Du kannst ein berühmter Held° werden," sagt Mime. „Auf[2] der Burg° Isenstein wohnt die herrliche Königin Brunhild. Diese hat ein Pferd namens Grane, das[11] niemand reiten kann. Wenn du es reitest, wirst du ein grosser Held."

Nach langer Wanderung erreicht Siegfried die Burg Isenstein, wo[1] die Königin ihn freundlich begrüsst und ihn als ihren Gast einlädt°. Sie hat[7] viel von diesem starken jungen Mann gehört. Sie lässt Siegfried das Pferd Grane reiten, und weil[1] das Tier ihm[14] so willig[20] folgt, gibt die Königin es dem Helden[13] als Geschenk.

Lange Zeit wandert Siegfried durch das Land, bis[1] er in das Reich° der Nibelungen hoch oben im Norden kommt. Die Nibelungen sind ein Volk von Zwergen°, das[11] wegen seines reichen Schatzes° in aller Welt berühmt ist. Zu dieser Zeit kämpfen die zwei Söhne des toten Königs um[2] diesen Schatz, den sogenannten Nibelungenhort°. Als[1] Siegfried in ihr Land kommt,

Kraft strength

unverletzbar invincible

Rücken back

damit er töte so that he would kill

Waffe weapon

Held hero

Burg castle

einladen to invite

Reich kingdom

Zwerg dwarf

Schatz treasure

Nibelungenhort hoard of the Nibelungs

rufen sie ihn zu sich und bitten ihn, den Schatz in zwei gleiche Teile zu trennen°. Als Dank wollen sie ihm das berühmte Schwert° Balmung geben. Fröhlich trennt der junge Held den Schatz in zwei ganz gleiche Teile. Beide Königssöhne sind aber böse, denn jeder wollte[9] einen grösseren Teil haben. Sie rufen zwölf furchtbare Riesen° herbei[4], die[11] Siegfried töten sollen. Kräftig[19] schwingt[20] der Held zum ersten Male das gute Schwert Balmung und tötet sie alle. Als Lohn für ihre Undankbarkeit[19] schlägt Siegfried den[15] beiden Königssöhnen den Kopf ab[3]. Danach[5] kommt der Zwerg Alberich zu ihm und sagt: „Der Nibelungenhort und auch das ganze Land gehören° nun dir[14]." Bald kommen alle Leute in dem Nibelungenlande herbei[4], Riesen und Zwerge, und ernennen[19] Siegfried zu ihrem Herrn[13] und König. Siegfried ernennt Alberich zum Hüter° des Schatzes und des Landes. Der Zwerg gibt Siegfried seine Tarnkappe°, die[11] einen Menschen[13] unsichtbar machen kann. Siegfried zieht dann in die Welt hinaus[4].

Zu dieser Zeit wohnen in der Stadt Worms die drei Söhne des toten Burgunderkönigs°. Siegfried hört viel von der Kraft[19] des einen Sohnes Gunther und des Waffenmeisters[19] Hagen, und er will sie im Kampfe[13] besiegen°. Als[1] er in das Burgunderreich[19] kommt, begrüssen die drei Könige ihn so freundlich, dass[1] er ein Jahr lang als Gast in Gunthers Schloss bleibt. In diesem Jahr sieht er nie die schöne Schwester der Könige, die[11] fern vom Schloss bei ihrer Mutter lebt. Diese schöne Kriemhild hört aber viel von dem Helden[13] Siegfried und seiner Kraft in ritterlichen° Spielen. Nicht nur Kriemhild, sondern alle Burgunder bewundern° Siegfrieds Heldenkraft[19].

Zum grossen Fest[21] nach dem Sieg[29] über die Dänen[20] und Sachsen° lädt Gunther zum ersten Male seine Schwester Kriemhild ein[3]. Als Siegfried die schöne Kriemhild zuerst sieht, erfasst[19] er voller Liebe ihre

trennen	to separate
Schwert	sword
Riese	giant
gehören	to belong to
Hüter	protector
Tarnkappe	cloak of invisibility
Burgunderkönig	King of Burgundy
besiegen	to conquer
ritterlich	knightly
bewundern	to admire
Sachsen	Saxons

Hand und sagt: „Dir[14] will ich dienen° mein Leben lang, und alles will ich tun, um[9] deine Liebe zu gewinnen[20]!"

dienen to serve

Eine Woche feiern° sie das grosse Fest, und während dieser Zeit sieht man den Helden[13] immer an[2] Kriemhilds Seite.

feiern to celebrate

In der Zwischenzeit[19] sitzt die schöne Königin Brunhild auf der fernen Burg Isenstein und denkt oft an[2] den jungen Helden[13], der[11] einst ihr Gast war[8]. Ihre Liebe zu[2] ihm wächst jeden Tag, sodass[1] sie keinen anderen Mann als Siegfried heiraten° will. Männer aus allen Ländern kommen, um[9] ihre Hand zu gewinnen, aber sie müssen zuerst die starke Brunhild im Kampf mit dem Speer[20] besiegen. Keiner von ihnen kann es tun, denn die Königin ist sehr stark und geschickt°.

heiraten to marry

geschickt clever

Eines Tages kommt Siegfried zu ihrem Schloss. Brunhild ist sehr freudvoll[19], denn sie glaubt, dass[1] dieser Held um[2] ihre Hand kämpfen will. „Ich komme mit meinem Herrn, dem König Gunther von Worms," sagt Siegfried. „Er will den Kampf gewinnen und dich zu seiner Frau machen." Brunhild will ihre Enttäuschung° nicht zeigen und kämpft mit Gunther. Sie weiss nicht, dass[1] Siegfried, unsichtbar in seiner Tarnkappe, dem[14] König hilft. Mit unbeschreiblicher[19] Kraft wirft Brunhild ihren Speer nach[2] Gunther. Siegfried springt schnell hinzu[4], hebt° Gunther in die Höhe und lässt der Speer auf den Boden treffen. Gunther nimmt Brunhilds Speer von der Erde auf[3], und mit der Hilfe des unsichtbaren Siegfrieds wirft er ihn mit solcher Kraft nach Brunhilds Schild[20], dass[1] sie zu Boden stürzt. Schnell nimmt Siegfried Brunhilds Ring und Gürtel° als Preis[20] und geht noch unsichtbar auf sein Schiff[20]. Brunhild ist voller Zorn° über Gunthers Sieg[19], aber sie muss ihr Wort[20] halten. Sie reicht Gunther die Hand und sagt: „Ich will dir als deine Frau immer treu[20] bleiben."

Enttäuschung disappointment

heben to lift

Gürtel belt

Zorn anger

Bald fahren Gunther und Brunhild mit Gunthers Schiff zusammen nach Worms, wo[1] die Burgunder fröhlich auf[2] sie warten. Siegfried fährt auch mit seinem Schiff wieder nach Worms und Gunther verspricht° ihm[14] die Hand Kriemhild als Lohn für seine Hilfe[19]. Zwölf Tage lang feiern die Burgunder das Hochzeitsfest° der beiden Paare[20]. Danach[5] fahren Siegfried und Kriemhild nach den Niederlanden, dem Reich von Siegfrieds Vater, wo sie ein glückliches Leben führen.

versprechen to promise

Hochzeitsfest marriage feast

Brunhild ist aber nicht froh, denn immer noch ist sie enttäuscht[19], dass[1] sie nicht Siegfrieds Frau ist. Als Siegfried und Kriemhild zu[2] Besuch in Worms sind, beginnen Brunhild und Kriemhild sich[10] zu streiten°, denn jede sagt, dass[1] ihr Mann der grössere Held ist. Um[9] Brunhild zu beweisen°, dass[1] ihr Mann der stärkere[19] ist, erzählt Kriemhild ihr alles von Siegfrieds unsichtbarer Hilfe für Gunther während des Kampfes mit dem Speer. Als Beweis[19] dafür[5] zeigt sie Brunhild den Ring und den Gürtel, die[11] Brunhild seit diesem Kampf nicht mehr finden konnte[8]. Nun weiss Brunhild alles, aber will es noch nicht glauben. Weinend verlässt sie Kriemhild. Sie geht zu dem Waffenmeister Hagen, und bittet ihn um[2] seine Hilfe. Hagen will gerne der[14] Königin helfen. Er überzeugt° nach einiger Zeit endlich auch Gunther davon[5], dass[1] Siegfried sein Feind ist und dass er sterben muss.

streiten to argue

beweisen to prove

überzeugen to convince

Kriemhild weiss nichts von[2] Brunhilds Unterredung° mit Hagen und hält Hagen für Siegfrieds treuen Freund. Am Morgen vor einem Kampf hat Kriemhild einen fürchterlichen° Traum, in dem[11] Siegfried stirbt. Voller Angst vor[2] Siegfrieds Tod bittet sie Hagen um[2] seine Hilfe. „Liebe Kriemhild," sagt Hagen, „Habe[6] keine Sorge°, ich will deinen Mann gerne beschützen°. Sage[6] mir bitte, wie ich ihn am besten beschützen°kann." „Mein Siegfried ist nicht ganz unverletzbar," sagt

Unterredung conversation

fürchterlich terrible

Habe keine Sorge! Don't worry!

beschützen to protect

47

Kriemhild. „An einer Stelle kann man ihn leicht treffen." Dann erzählt Kriemhild dem Ritter Hagen von dem Bad[20] im Drachenblut und dem Lindenblatt°. „Wo dieses Lindenblatt war[8], kann man ihn töten, und ich habe Angst, dass[1] ihn dort einmal eine Waffe trifft. Ich nähe° deshalb auf Siegfrieds Hemd ein Kreuz°, damit[1] du gut siehst, wo die Stelle ist, die[11] du beschützen musst."

Lindenblatt leaf of a linden tree

nähen to sew

Kreuz cross

Die Ritter reiten am Nachmittag in den Kampf, finden aber keine Feinde. Nach dem grossen Essen am selben Abend sagt Hagen zu Siegfried: „Ich weiss hier in der Nähe einen kühlen Brunnen°. Ich höre oft, dass[1] du im Schnellaufen[19] unbesiegbar[19] bist. Willst du uns das beweisen?" „Warum nicht," antwortet Siegfried. „Wir wollen sehen, wer am schnellsten[19] zu dem Brunnen laufen kann." Lange Zeit vor Hagen ist Siegfried am Brunnen. Siegfried will Wasser aus dem Brunnen trinken, aber er wartet zuerst auf[2] Hagen und Gunther. Nachdem[1] der König Gunther aus dem Brunnen getrunken hat[7], beginnt Siegfried auch zu trinken. Hagen nimmt schnell einen Speer und wirft ihn genau in das Kreuz auf Siegfrieds Hemd. Hoch spritzt[20] das Blut[20] aus der Wunde[20]. „Ihr treulose[19] Freunde," ruft Siegfried, „mein Tod wird[16] euch zum schlechten Ende[20] führen." Dies sind seine letzten Worte.

Brunnen spring

Als[1] Kriemhild von dem Tode[19] ihres Mannes hört, schwört[20] sie, Siegfrieds Tod zu rächen°. „Ich kenne die Mörder[20] meines Mannes," ruft sie ihrem Bruder Gunther zu[3], „du bist es und Hagen. Ihr werdet[16] meine Rache[19] noch erfahren!" Nachdem[1] Siegfried in seinem Grab[20] liegt, fahren Siegfrieds Männer nach den Niederlanden zurück[3]. Kriemhild aber bleibt in Worms und besucht jeden Tag das Grab Siegfrieds. Brunhild ist froh über den Tod Siegfrieds und das Leid° seiner Frau. Gunther und Hagen freuen sich[10] über[2] den Nibelungenhort, den[11] sie

rächen to revenge

Leid sorrow

nach dem Tode bekommen. Gunther lässt diesen Schatz nach Worms bringen und ernennt Hagen zum neuen Hüter des Schatzes.

Kriemhilds Rache

Rache revenge

Nach drei Jahren besucht Etzel, der König der Hunnen°, die Stadt Worms. Etzel möchte[18] Kriemhild heiraten, weil[1] er seit dem Tode seiner Frau allein[20] ist, und er hält Kriemhild für eine gute Frau. Zuerst will Kriemhild ihn nicht als ihren Mann haben, aber dann denkt sie: „Vielleicht kann die Macht° des Hunnenkönigs[19] mir[14] helfen, den Tod Siegfrieds zu rächen." So wird Kriemhild die Frau von König Etzel. Nach dem grossen Hochzeitsfest[19] reist König Etzel mit Kriemhild und den Rittern zurück[3] in das Land der Hunnen. Kriemhild lebt nun glücklich an der Seite ihres Mannes und gebärt ihm einen Sohn. In ihrem Herzen[13] aber hofft sie immer noch auf[2] Rache für Siegfrieds Tod.

Hunnen Huns

Macht power

Nach vielen Jahren sagt Kriemhild zu ihrem Mann: „Ich möchte[18] meine Brüder wiedersehen. Wir sollen die Burgunder zu einem grossen Fest einladen." Um seine Frau zu erfreuen, schickt Etzel eine Einladung[19] nach Worms. Die Burgunder nehmen die Einladung an[3]. Weil[1] sie aber Angst vor[2] der Rache Kriemhilds haben, bringen sie ihre Waffen mit. Kriemhild begrüsst die Burgunder sehr freundlich. Danach[5] aber geht sie zu ihren Rittern und sagt: „Hagen ist der Mörder Siegfrieds, und er muss dafür sterben. Ich will dem Helden[13] sehr dankbar[19] sein, der[11] Hagen tötet."

Während[1] des grossen Abendessens[19] im Festsaal° bleiben viele Burgunder in einem anderen Zimmer. Auf einmal erscheint Kriemhilds Schwager° Blödel und sagt zu den Männern: „Ihr Burgunder müsst sterben, weil[1] ihr Siegfried getötet habt[7]!" Voller Zorn

Festsaal banquet room

Schwager brother-in-law

zieht Dankwart, der Bruder Hagens, sein Schwert und schlägt den Köpf des Hunnen ab[3]. Andere Hunnen laufen in das Zimmer hinein[4] und erschlagen alle Burgunder im Zimmer. Nur Dankwart entkommt°. Er läuft zum Festsaal und erzählt allen[14] Gästen dort, wie die Hunnen ihre Gäste erschlagen haben[7]. „Jetzt wollen wir Etzels Wein mit Blut heimzahlen°!" ruft Hagen und schlägt sofort Kriemhild und Etzels Sohn den Kopf ab[3]. Im nächsten Augenblick gibt es den schrecklichsten blutigen[19] Kampf im Festsaal. Nach zwei Tagen sind alle Burgunder ausser Gunther und Hagen tot. Der Ritter Dietrich von Bern bringt die beiden vor Kriemhild und bittet um[2] Gnade° für die so kräftigen Ritter. Froh antwortet Kriemhild: „Bis[1] an mein Ende will ich dir's[14] danken, dass[1] du die Mörder meines Mannes zu mir bringst." Damit[5] lässt sie Gunther töten und schlägt dann Hagen mit Siegfrieds Schwert Balmung den Kopf ab[3]. Der König Etzel sieht das und ruft: „Wehe mir, was muss ich sehen!" „Wie kann eine Frau solch einen Helden töten!" ruft einer von Dietrichs Männern. Damit[5] springt er auf die Königin zu[3] und tötet sie. Etzel und Dietrich denken traurig an[2] die vielen Freunde, die[11] wegen der Rache dieser Frau sterben mussten[8]. Wohl noch niemals hat[7] die Rache eines Menschens so ein fürchterliches Ende gefunden.

entkommen to escape

heimzahlen to pay back

Gnade mercy

l

Background Notes

Till Eulenspiegel

Till Eulenspiegel, a prince of rogues and one of the favorite rascals of German imagination, is said to have been born at Kneitlingen, Brunswick, and to have died in 1350 at Mölln (near Lübeck) in Schleswig-Holstein. Throughout the fifteenth century Till's name became more and more associated with tales of fraud.

In his witty and humorous adventures, this cunning peasant-jester demonstrates his superiority to the narrow, dishonest, condescending townsmen, as well as to the clergy and nobility. He pretends to be honest and stupid, but is really a sly practical joker, a veritable *Reineke Fuchs* in human guise, who loves nothing better than misunderstandings and delights in mischief.

Such a story in which a supposed fool demonstrates certain truths about people and the world is called a *Schwank* and originated with the character *Pfaffe Amis* (ca. 1230).

The first anecdotes around the name Eulenspiegel were probably collected about 1500 (perhaps earlier). By the middle of the sixteenth century, the original text in Low German had been translated into Middle High German, Dutch, English, French, and Latin, with translations in other languages soon to follow. Eulenspiegel has since been the subject of many literary and musical works; for example, Johann Fischart's *Eulenspiegelreimenweis* (1572), Richard Strauss's symphonic poem *Till Eulenspiegels lustige Streiche* (1894) and Gerhart Hauptmann's epic poem about a post World-War I war pilot, *Till Eulenspiegel* (1928).

In illustrations Eulenspiegel is often shown holding an owl (*Eule*) and a mirror (*Spiegel*). His tomb at Mölln, which has been pointed out since the sixteenth century, bears these symbols. There is also a famous fountain statue in Schleswig-Holstein commemorating this famous character of German folklore.

Wilhelm Tell
(William Tell)

Wilhelm Tell, the Swiss hero who, like Robin Hood, symbolizes the struggle for political and individual freedom, was first mentioned in texts of the fifteenth century in a song, giving an account of the apple scene and extolling *Tall*, as he is called here, as the first Swiss confederate. A chronicle of the sixteenth century sets November 1307 as the date of Tell's deeds and New Year's 1308 as the date of Switzerland's liberation. Historically, however, there is still no conclusive evidence for or against Tell's existence.

Johann Friedrich von Schiller used the sixteenth-century chronicle as the main source for his popular drama *Wilhelm Tell*, produced in 1804. It immediately became one of the most popular of all German plays, eventually gaining world renown. The theme of Tell inspired composers Rossini and Grétry, artists J. H. Füssli (Henry Fuseli) and Ferdinand Hodler, as well as poets and dramatists.

Münchhausen

Münchhausen, a master of obviously extravagant, delightful, and harmless lying, lived from 1720–97. His full name was *Hieronymus Karl Friedrich, Freiherr von Münchhausen*. He was a brave soldier serving in Russia against the Turks, a good hunter, a great wanderer, and a fine teller of adventures. His many travels supplied him with material for his fantastic stories. In 1760 Münchhausen retired to his estates, a castle in the small city of Bodenwerder on the Weser River, and became famous around Hannover as a teller of extraordinary tales about his life.

A visitor who had attended several of Münchhausen's story-telling sessions, Rudolf Erich Raspe, decided to rewrite Münchhausen's tales for publication, in an attempt to earn badly needed money while in London. A publishing company in the city published the stories in a forty-two page book in English under the lengthy title *Baron Münchhausen's Narrative of his Marvellous Travels and Campaigns in Russia* (1785). A year later the book was translated into German by Gottfried

August Bürger, a contemporary of Goethe and Schiller, under the title: *Münchhausens wunderbare Reisen und Abenteuer zu Wasser und zu Lande.* The book became popular immediately and was published in many languages.

Germany had enjoyed its heroes of the classic tall tale or *Lügendichtung* in the two previous centuries, but Münchhausen surpassed both *Der Finkenritter* of the sixteenth century and *Schelmuffsky* of the seventeenth century as the greatest liar of all times. A witty exaggeration soon became known as a *Münchhausiade* in Germany. The real Münchhausen, who had enjoyed his reputation for telling tales, resented becoming a legend in his own time, and died an embittered old man.

Rübezahl

Rübezahl is the legendary mountain spirit of the Riesengebirge, a mountain range extending along the boundary between southwest Poland and northern Czechoslovakia, formerly German territory. He embodies a mixture of superstitions of mountain folk, and his existence has long been used to explain mysteries of nature. In the Riesengebirge today there are numerous sites laying claim to Rübezahl's grave and garden and other points of interest associated with this mountain spirit.

Belief in Rübezahl evokes both respect and fear as he is considered both a protective spirit and a revengeful demon. Of the many shapes he is able to assume, he is most often depicted as a monk in a grey garment, holding a stringed instrument which he strikes so violently that the earth shakes, or as a red-bearded giant in sandals holding a club or walking stick. Historians associate Rübezahl with the Greek plant-demon Alraunen, and with the all-powerful Germanic god, Odin (also called Wodan).

Rübezahl's name and legend first appeared in literature in the middle of the sixteenth century. A series of stories about him were collected in the seventeenth century and recorded in Müsaus's *Volksmärchen* (1782–86). The figure of Rübezahl appeared in literature for centuries, although often under a variation of the name, such as *Rübenschwanz* or *Rübezagel* (Turnip Tail). A recent book containing the most popular stories of Rübezahl is Carl Hauptmann's *Rübezahlbuch* (1960), one of the most popular collections of stories about Rübezahl presently available.

Among the most notable of the works inspired by the character of Rübezahl are an opera by Weber (1804), paintings by Moritz von Schwind (1851), a sculpture by Hermann Zettlitzer named *Der vereinsamte Rübezahl* (1950), and a film about Rübezahl produced in 1957.

Lorelei

The German author Clemens Brentano created the legend of the *Lorelei* in its main essentials in his novel *Godwi* (1800–02), in a ballad centering around the maiden *Lore Lay* of Oberwesel. Brentano's legend is closely allied to several myths and superstitions of similar content. The *Lorelei* maiden with her alluring beauty and bewitching song resembles the sirens of Greek mythology, who were believed to lure mariners to destruction by their singing and were said to hoard the wealth of the sunken ships in their realm beneath the sea.

Brentano's inspiration for his ballad comes from a cliff about 425 feet high on the bank of the Rhine near St. Goar, south of Koblenz. The name of this cliff, the *Loreley* or *Lorelei*, earlier known as the *Lurlei*, is derived from Old High German *Lur*, connected with the modern German *lavern* (to lurk, to be on the watch for), and *Lei* (rock).

Many superstitions were associated with this cliff, which earlier marked a spot of great danger to seamen because of the strong current of the river and jagged rocks hidden close beneath the surface. Reports of spirits and treasures hidden in the cliff date from 1245. The echo in this area was attributed first to the voices of mountain spirits who lurked in the high cliffs and later to the songs of a mountain woman who lured ships to destruction. Stories of a siren-like, female water spirit on the Rhine called *Undine* appeared in the sixteenth century.

In the nineteenth century the legend of the *Lorelei* formed the subject of a number of songs and dramatic sketches, but no version enjoys more success than Heine's poem *Die Lorelei* (1823), as set to music by Friedrich Silcher (1838) and Franz Liszt (1841).

The *Lorelei* story in this book combines the elements of the most popular German versions of the legend.

Doktor Faust

It is not possible to make a clear distinction between the historical Faust and forerunners of the Faust figure. Through records and letters of his contemporaries, including Martin Luther, we know that an early astrologer, Doctor Georg Faustus, was wandering through Germany in the sixteenth century (1520–1540). He assumed titles as fitted the specific occasion, such as philosopher, demigod, or the Devil's brother-in-law. However, it was not unusual in the Middle Ages for men to claim magical powers. Doctor Faustus was a clever rascal capable of duping even learned men. From letters we learn that both the clergy and the nobility, and even scholars, though dubious, respected his art. However, he was also regarded by many as a shameless braggart and a charlatan, and as a man of moral laxity, given to drink and to sexual perversions. A contemporary of Georg Faustus, Professor Melanchthon, seems to have mistakenly called the astrologer Johann Faust instead of George Faustus in lectures to his students. One of Melanchthon's students set down the name in careful notes which were later published and, because of Melanchthon's prominence, widely read.

Stories of pacts with the devil, conjuring of spirits and dead personages, and magic powers were told about Faust all over South and Central Germany in the 1560's and 1570's (about a generation after Faust's death). These stories were not new but merely rehashings of ancient tricks which magicians and other rascals had been playing on people for centuries. Many were related to Greek tales.

Not until 1587 did the Faust Book enter into German literature with Johann Spiess's publication of *Die Historia von Dr. Johann Faust*, a folk book of Faust tales, which became the best money-maker of the century. The following year a book of rhymes about Faust was published. Translations of Faust stories and rhymes appeared in rapid succession, and puppet shows with Faust as the main character became increasingly popular. The Faust theme remained one of the most important themes in Western literature for almost 400 years.

Among the many varied treatments of Faust in world literature, the most famous are Christopher Marlowe's drama, *The Tragedy of Doctor Faustus* (1588), and Johann Wolfgang von Goethe's drama, *Faust* (part 1 in 1808, part 2 in 1832). The most recently acclaimed work based on Faust is Thomas Mann's novel, *Doktor Faustus* (1947). Here Faustus (as he is called again, similar to the sixteenth century versions) is a composer whose great ambition is to refute that "noblest tribute to the goodness of mankind," Beethoven's *Ninth Symphony*.

Operas based on Goethe's dramatic poem *Faust*, are *Eine Faust Ouverture* (A Faust Overture) composed by Wagner (1840), and *Faust* composed by Gounod (1859).

Doktor Eisenbart

Johann Andreas Eisenbarth, the son of an oculist and surgeon, was born on March 27, 1663, in Bayern. He went on to acquire his father's trade from his brother-in-law in Bamberg, although he acquired the greater part of his rich medical knowledge on his own.

During the seventeenth century, surgeons, most of whom were self-educated and members of barbers' companies, enjoyed somewhat less esteem than the formally educated doctors. In addition, most of the learned doctors of the century considered it beneath them to interfere with the human body, leaving the cutting to the surgeons. In an attempt to attract patients, it was quite usual for a surgeon in this period to proclaim his trade publicly at the market place employing trumpet players, jugglers, and other means to attract attention. Doctor Eisenbart (the *h* was dropped from his name) became well known for his ingenuity and success in attracting patients. He was a bit of a rogue and knew how to excite the crowds with jokes and folly, encorporating fire eaters, sword swallowers, snake charmers, and chorus girls in his colorful stage performances in market squares.

Traveling to hundreds of cities throughout Germany, this unusual man, far ahead of his times in surgical as well as advertising techniques, enjoyed the esteem of kings and princes, received many honors and titles, and had great prosperity. He became the most renowned surgeon of the seventeenth century.

The Eisenbart song of which more than forty verses are known today, probably originated with only a few verses created by envious colleagues. Through the years more and more mocking verses were added reputing him as a quack administering harsh cures with bad results. Many people were convinced that Eisenbart was a legendary character who had never really lived, until his grave was discovered in 1837 in Hannoversch-Münden. His gravestone, setting his death at November 1727 and naming all of his titles and honors, can be seen today, as can his memorial erected 200 years after his death.

Rattenfänger von Hameln
(Pied Piper of Hamelin)

Old annals, church and city documents, and glass windows of Hamelin, dating from the early fourteenth century, testify to the disappearance of 130 Hamelin children in the vicinity of the Koppen Mountain. Although there is a disagreement about the date, most evidence ascribes June 26th, 1284, as the day of the fateful event. Historians and chronologists offer various theories attributing the disappearance to a children's crusade from the city ending in their death or an emigration eastward on a ship which sank in the Baltic Sea. It is known that for several centuries after the event, the city of Hamelin forbade dancing in the street leading through the East Gate, the route which the children were supposed to have taken out of the city. The city of Hamelin today commemorates the loss of these children by presenting the drama of the Pied Piper of Hamelin every Sunday of the summer in front of the City Hall. One can also see the event depicted on the painted window of a cathedral in the city.

The story has become popularized over the world in the Grimm fairy tales. A delightful narrative poem by Robert Browning has also contributed to the story's popularity in America.

Siegfried

Siegfried, known as Sigurd in Old Norse, is introduced in the ancient mythological stories of the Scandinavian people in a book called *Edda*. He plays a major part in the *Nibelungenlied* (*Song of the Nibelungs*), the most important and most famous of the numerous German epic poems. This national heroic epic was welded at the end of the fourth century. It is not known whether the *Nibelungenlied* is composed of many separate songs or the masterpiece of a single poet familiar with the old legends. As with the character Brunhilde, it is still disputed whether Siegfried is of historical origin.

The most famous works based on this medieval German epic are a trilogy by author Friedrich Hebbel and an opera by composer Richard Wagner. Hebbel's trilogy (1862) consists of *Der gehörnte Siegfried* (*Horn-Skinned Siegfried*), *Siegfrieds Tod* (*Siegfried's Death*), and *Kriemhilds Rache* (*Kriemhilde's Revenge*). Wagner's opera *Der Ring des Nibelungen* (1813–1883) is a cycle of four full-length music dramas, the third part of which is devoted to the Siegfried saga.

Grammar Notes

Key to Grammar Notes

1. Words like **dass, weil, wenn** (subordinating conjunctions)
2. Prepositions
3. Separable parts of verbs (separable prefixes)
4. **her, hin**
5. **da, wo** compounds
6. Commands (imperative)
7. **haben, sein** as helping verbs (present perfect tense)
8. **-te** ending or vowel change of verbs (past tense)
9. **um . . . zu**
10. **sich**
11. **der, die, das** (relative pronouns)
12. **seit, schon**
13. Special endings of nouns
14. Special cases of nouns
15. Special case showing possession (dative of possession)
16. **werden** with the infinitive (future tense)
17. **werden** with the past participle (passive voice)
18. **hätte, wäre, würde, möchte** (subjunctive)
19. Word families
20. Words similar to English (cognates)

---

1. Words like *dass, weil, wenn* (subordinating conjunctions).

Words such as **dass, weil, wenn, da, während, wie,** or **wo** may introduce a clause.[1] The clause is separated from the main part of the sentence by a comma and ends with a verb.

Er weiss, **dass** *es zu spät ist.*
or **Dass** *es zu spät ist, weiss er.* }

He knows **that** it is too late.

A **da** or **wo** compound may be used to introduce a clause.

Er bringt viel Geld, **damit** *er genug hat.*	He is bringing a lot of money **so** he will have enough.
Ich weiss nicht, **worüber** *er spricht.*	I don't know **what** he's talking **about.**

[1] A clause is a thought separate from the main part of the sentence. It has its own subject and verb and is usually set off by a comma.

2. Prepositions.

Each German preposition has many English translations, depending on the particular phrase or accompanying verb. A few of the different meanings of the German preposition **auf** appear in the following sentences.

Er ist **auf** *dem Wege.*	He is **on** the way.
Er geht **auf** *die Post.*	He goes **to** the post office.
Er ist der Feinste **auf** *der Welt.*	He is the finest **in** the world.
Er geht **auf** *die Strasse.*	He goes **into** the street.
Er geht **auf** *den Berg hinauf.*	He goes **up** the mountain.
Er bleibt **auf** *dem Schloss.*	He remains **at** the castle.
Er wartet **auf** *den Mann.*	He is waiting **for** the man.

3. Separable parts of verbs (separable prefixes).

A word which at first glance seems to be a preposition may actually be a prefix of the verb. Such a verb prefix is often separated from the main part of the verb and appears at the end of the sentence or clause.

Er **kommt** *um sechs Uhr* **an.**
(*an/kommen*   to arrive)   } He **arrives** at six o'clock.

Er **steht** *früh* **auf.**
(*auf/stehen*   to get up)   } He **gets up** early.

When looking up the meaning of the verb in the vocabulary, look under the verb prefix. A verb with a separable prefix is shown in the following manner.

auf/springen   to jump up

herauf/steigen   to climb up

4. *hin, her*

Hin indicates motion away from the speaker and **her** motion toward the speaker. The words **hin** and **her,** as well as compounds containing these words, such as **herein, herüber, hinauf,** and **hindurch,** add emphasis to the verb. They cannot always be translated into English. In many cases the compound is actually a part of the verb.

Er geht in das Zimmer **hinein.**
(*hinein/gehen* to go into, to
enter; *hin* indicates that the
motion is away from the speaker)

He is going **into** the room.

in der ganzen Stadt **herum**
(*herum* indicates movement around)

all **around** the town

den Fluss **hinauf**
(*hinauf* indicates movement
upwards as seen from the
starting point below)

up the river, **up**stream

5. *da, wo* compounds.

A preposition with **da** or **wo** may take the place of a prepositional phrase. **Da** (or **dar**) is translated "it" or "them." **Wo** (or **wor**) is translated "what."

da*mit*	with **it**, with **them**
dar*über*	above **it**, above **them**
wo*mit*	with **what**
wor*über*	above **what**

When a **da** or **wo** compound introduces a clause, its meaning may differ from the above examples (see note 1).

6. Commands (imperative).

A command is followed by an exclamation point. The command form of the verb appears in one of three forms, depending upon whether the command is directed to one or more persons and whether the command is casual or formal. The three command forms of **kommen,** all translated "Come!" appear below.

Komm! or *Komme!*	(casual, to one person)
*Komm***t***!*	(casual, to more than one person)
*Komm***en Sie***!*	(formal, to one or more persons)

Some verbs have a vowel change in the casual command directed to one person, such as **Gib!** (from **geben**) and **Sieh!** (from **sehen**).

61

7. *haben, sein* as helping verbs (present perfect tense).

A form of **haben** or **sein** is often used as a helping verb and indicates an action in the past. The main verb is found at the end of the sentence or clause in a form called the past participle. The past participle is recognizable by one or more of the following characteristics.

-t or *-en* ending	*besuch***t**	from *besuchen*, to visit
ge- prefix	**ge***kommen*	from *kommen*, to come
	ge*wesen*	from *sein*, to be
	*auf***ge***schnitten*[2]	from *auf/schneiden*, to cut open
vowel change	*bef***o***hlen*	from *befehlen*, to command

The helping verb may be translated "has" or "have" or the whole construction may simply be translated with the past tense of the verb.

er hat ... besucht	he has visited, he visited
er ist ... gekommen	he has come, he came
er ist ... gewesen	he has been, he was
er hat ... aufgeschnitten	he has cut open, he cut open
er hat ... befohlen	he has commanded, he commanded

8. *-te* ending or vowel change of verbs (past tense).

The addition of a **-te** or **-ete** to the root of a verb, or a vowel change in the verb, often indicates an action in the past. The most common verbs in the past are **hatte** (had) and **war** (was).

er besuchte	he visited	*er wurde*	he became
er kam	he came	*er wollte*	he wanted
er fand	he found	*er konnte*	he could, was able

The endings will not necessarily be the same as the endings found in the present tense.

besuchen

present	*er besuch***t**	he is visiting, visits, does visit
past	*er besuch***te**	he was visiting, visited, did visit

---

[2] With separable prefixes, *ge* appears between the separable prefix and the main stem of the verb.

kommen

present	*er komm**t***	he is coming, comes, does come
past	*er kam*	he was coming, came, did come

9. *um . . . zu.*

In addition to its use as a preposition, **um** may be translated "in order to" and may introduce a phrase.[3] The accompanying verb appears in the infinitive form (the basic -en form) preceded by the word **zu**.

Er kommt, **um** *die Familie* **zu sehen.**

He is coming **in order to see** the family.

With separable prefixes, **zu** appears between the separable prefix and the main stem of the verb.

Er spricht laut, **um** *seinen Bruder auf***zu***wachen.*

He speaks loudly **in order to** wake up his brother.

10. *sich*

The word **sich** may be translated "himself," "herself," "itself," "themselves," "yourself," "yourselves," or "each other," depending on the subject, but it often cannot be translated into English at all. Certain verbs in German (reflexive verbs) must always appear with a form of **sich,** such as the verb **freuen.**

Er freut **sich.**   He is pleased.
(*sich freuen*   to be pleased or glad)

Other forms of **sich** are:

mich, mir	(when the subject is *ich*) myself
dich, dir	(when the subject is *du*) yourself
uns	(when the subject is *wir*) ourselves
euch	(when the subject is *ihr*) yourselves

[3] A phrase is a thought separated from the main part of the sentence; but unlike a clause, it does not have its own subject and verb.

Some verbs appear with a form of **sich** when a person is doing something to or for himself, such as combing his own hair or sitting (himself) down.

Er setzt **sich** *auf den Stuhl.*	He sits **(himself)** down on the chair.

11. *der, die, das* (relative pronouns).

In addition to their use as articles meaning "the," forms of **der, die,** and **das** may be used to introduce a clause. Possible translations are "who," "whom," "to whom," "which," or "the one." When used in this way, the form of **der, die,** or **das** refers to a noun in the preceding part of the sentence and has the same gender (masculine, feminine, or neuter). Its case (nominative, dative, or accusative) indicates its use in the clause.

Er ist der Junge, **der** *Karin liebt.*   He is the boy **who** loves Karen.
(refers to *Junge,* used as subject)

Er ist der Junge, **den** *Karin liebt.*   He is the boy **whom** Karen loves.
(refers to *Junge,* used as direct object)

Er ist der Junge, mit **dem** *Karin lernt.*   He is the boy with **whom** Karen studies.
(refers to *Junge,* used as object of the preposition *mit*).

12. *seit, schon.*

The words **seit** or **schon** used with a verb in the present tense indicate something that happened in the past and has not changed. In such a usage, **seit** or **schon** is translated "for" or "since."

Seit *drei Tagen* **ist** *er hier.*
or *Er* **ist schon** *drei Tagen hier.*   } He **has been** here **for** three days.
or **Seit** *drei Tagen* **ist** *er* **schon** *hier.*

Seit *Dezember* **ist** *er hier.*   He **has been** here **since** December.

13. Special endings of nouns.

A number of nouns appear to have plural endings and a singular article (for example, **dem Jungen**). Certain masculine and neuter nouns require an **-n** or **-en** ending in the singular when they are not used as the subject of the sentence.

*Er kommt mit dem Junge**n**.*   He comes with the boy.

Masculine and neuter nouns of one syllable often take an optional **-e** ending in the dative case.

*Er sitzt im Haus**e**.*   He is sitting in the house.

14. Special cases of nouns.

Certain verbs and phrases require the noun or pronoun to be in a case which is not in accord with the familiar rules. The reader may, for example, expect the direct object to be in the accusative case and find that it is in the dative case. Certain verbs, such as **folgen**, require the direct object to be in the dative rather than the accusative case.

Sie folgt **dem Mann.**   She is following the man.

Sie folgt **ihm.**   She is following him.

Certain German phrases require a construction quite different from the English.

Es ist mir kalt.   I am cold.
(It is cold to me.)

15. Special case showing possession (dative of possession).

With parts of the body and clothing, the dative case is commonly used to indicate possession.

Der Barbier schneidet **dem Mann** *die Haare.*   The barber is cutting **the man's** hair.

Der Friseur schneidet **ihr** *die Haare.* }   The hair dresser is cutting **her** hair.

16. *werden* with the infinitive (future tense).

In addition to its use as a verb meaning "to become," **werden** may occur as a helping verb with the main verb in the infinitive form (the basic

-en form) at the end of the sentence. This construction indicates an action in the future and is translated into English with the helping verb "will."

Er **wird** *uns morgen* **besuchen.**	He **will visit** us tomorrow.
Er **wird** *im Juli* **kommen.**	He **will come** in July.
Er **wird** *das Buch* **finden.**	He **will find** the book.

17. *werden* with the past participle (passive voice).

A form of **werden** may occur as a helping verb with the main verb in the past participle form (see note 7) at the end of the sentence. This construction indicates that the action is happening to the subject.

Er **wird** *heute* **besucht.**	He **is being visited** today.
Es **wird** *im Keller* **gefunden.**	It **is found** in the cellar.

18. *hätte, ware, würde, möchte* (subjunctive).

The verb forms above are derived from the verbs **haben, sein, werden,** and **mögen.** Appearing in this form, they indicate probability or possibility. The helping verb "would" or "could" is often used in the translation.

Hatte and **wäre** appear alone or with the past participle form (see note 7)of the verb.

Wenn er nur das Buch **hätte.**	If he only **had** the book!
Wenn er nur hier **wäre.**	If only he **were** here!
Es **wäre** *schön.*	It **would be** nice.
Er **hätte** *das Buch* **gefunden.**	He **would have found** the book.
Er **wäre** *nie* **gekommen.**	He never **would have come.**

Würde and **möchte** usually appear with the infinitive form of the verb.

Er **würde** *es* **finden.**	He **would find** it.
Er **möchte** *uns* **besuchen.**	He **would like to visit** us.

19. Word families.

The way to determine the meaning of new words without depending on a dictionary requires two skills: first, recognizing familiar stems and words within words, and second, understanding the affects of slight modifications, such as a **-d** ending on the infinitive.

gehen   to go

-d on infinitive (-ing)	gehend	walking, going (adjective)
ge- form (past participle)	gegangen	gone
prefix vor (in front)	vorgehen	to go ahead, proceed
prefix ver (away)	vergehen	to vanish (go away)
das plus infinitive (-ing)	das Gehen	walking (noun)
zum plus infinitive (for -ing)	zum Gehen	for walking
related word	der Gang	the walk, course
bar (capability)	gehbar	passable (for pedestrians)
Fuss (foot)	der Fussgänger	pedestrian
Weg (way, road)	der Gehweg	foot path, sidewalk

alt   old

ä plus -er (comparative)	älter	older
ä plus -est (superlative)	ältest	oldest
am plus ä and -esten (the -est)	am ältesten	the oldest
ein plus -er (a person)	ein Alter	an old person
der plus -e (the one, male)	der Alte	the old man
die plus -e (the one, female)	die Alte	the old lady
etwas plus -es (something)	etwas Altes	something old
infinitive ending (verb)	altern	to grow old
prefix ur (very)	uralt	very old, ancient
Mode (fashion)	altmodisch	old-fashioned
das (general term)	das Alter	the age
tum (state of being)	das Altertum	antiquity
Heim (home)	der Altersheim	old people's home
Stoff (stuff)	der Altstoff	scrap, used material

20. Words similar to English (cognates).

Many German words look or sound like English words and have similar meanings.

Haus	house	*Russisch*	Russian
kommen	come	*dick*	thick
kühl	cool	*Nord*	north
ist	is	*Dänemark*	Denmark

Vocabulary

A

der **Abend**   evening
das **Abendessen**   evening meal, supper
das **Abenteuer**   adventure
ab/holen   to pick up, call for
ab/sägen   to saw off
ab/schlagen   to cut off, chip
ab/schneiden   to cut off
der **Affe**   monkey
Ah!   Oh!
Alberich   name of a dwarf
alle   all (plural)
allein   alone
allergrösst   greatest of all
allerlei   all kinds of
alles   everything (singular)
die **Alpen**   the Alps
als   as, when, since, than
   nichts als   nothing but
der **Alte**   old man
   ein Alter   an old man
an/binden   to tie on, tie to
der **Anfang**   beginning
an/fangen   to begin
die **Angst**   fear
   Angst haben vor   to be afraid of
angstvoll   fearfully, anxiously
an/halten   to stop
an/nehmen   to accept
antworten   to answer, reply
sich an/ziehen   to put on, dress
der **Araber**   Arab
die **Arbeit**   work
arbeiten   to work
ärgerlich   angry
ärgern   to annoy, irritate
arm   poor
die **Armbrust**   crossbow, bow
der **Armbrustschütze**   archer
der **Arme**   poor man
die **Art**   way; kind, sort
der **Arzt**   doctor

der **Ärztestab**   medical staff
die **Astrologie**   astrology
auf/fressen   to eat up (said of animals)
auf/geben   to give up, deliver
auf/hören   to stop
auf/nehmen   to take up, take in; receive
auf/stehen   to get up, stand up
auf/wachen   to awaken
   aufgewacht   awakened
auf/wärmen   to warm up
auf/ziehen   to raise, hoist
der **Augenblick**   moment
aus/brechen   to break out, break loose; occur
ausgezeichnet   excellent, great
aus/sehen   to seem, appear
ausser   besides, except for
   ausser sich   beside himself
   ausser sich vor Angst   beside himself with fear
   ausser sich vor Leid   beside himself with sorrow
ausserdem   besides that
sich austrocknen   to dry up
die **Axt**   axe, hatchet

B

der **Bach**   stream, brook
backen   to bake
der **Bäckergeselle**   baker's helper
der **Bäckermeister**   master baker
die **Backstube**   baking room
das **Bad**   bath
baden   to bathe
bald   soon
Balmung   name of a sword
der **Bär**   bear
der **Bart**   beard
der **Bauer**   farmer, peasant
der **Baumstamm**   tree trunk

beantworten to answer
bedeuten to mean
befreien to free, liberate
begrüssen to greet, welcome
behüten to protect; preserve
bei with, at
  bei sich with him, on his person
beide both
  die beiden the two
das Beispiel example
bekleiden to dress
  bekleidet dressed
bekommen to receive, get
bemerken to notice, observe
bereit ready, prepared
der Berg mountain
der Berggeist mountain sprite
der Bergwanderer mountain traveler
Bern name of a city
berühmt famous
  berühmtest most famous
berühren to touch
beschreiben to describe
beschützen to protect, guard
sich besehen to have a look at, view
besiegen to conquer, defeat
besser better
der Besuch visit
  zu Besuch on a visit
besuchen to visit
betreten to enter
der Beweis proof
beweisen to prove
bewundern to admire
bezahlen to pay
die Biene bee
der Bienenstock beehive
binden to tie, bind
bis until
  bis zu up to, as far as
ein bisschen a bit
bitte please
bitten um to ask for, beg for
bitterlich bitterly
blass pale

blässer paler
das Blatt leaf
bleiben to remain
der Blinde blind man
blitzen to lightnen
blühen to bloom, flower
die Blume flower
das Blut blood
blutig bloody
der Boden soil, ground; floor
die Bohne bean
böse angry, evil
  böser angrier
  böse auf angry with
der Bratspiess roasting spit
brauchen to need
Braunschweig Brunswick (city in northeastern Germany)
das Brautkleid bridal gown, wedding dress
Bremen city in northern Germany
der Brief letter
das Brötchen roll, small loaf of bread
der Brunnen spring, fountain
die Bühne stage
bunt colorful
die Burg citadel, fortress; castle
der Burgunder person from Burgundy
der Burgunderkönig king of Burgundy
der Bürger citizen
der Busch bush
buschig bushy, shaggy

D

da there; then
da drüben over there
daher from there; for that reason, therefore
damit so that; with it
danach afterwards
daneben in addition to that; close by
der Däne Dane

der **Dank** thanks
dankbar thankful, grateful
dann then, at that time
darauf thereupon; afterwards
darum for that reason
dass that (conjunction)
dazu besides, in addition to; to that end
dazu/laufen to run to
denken to think
   denken an to think of
denn for, because
der the; he; it; who
derselbe the same
deshalb for that reason, therefore
dick thick, fat
diejenigen those
dienen to serve
der **Diener** servant
donnern to thunder
das **Dorf** village
Dornigtal name of a mountain
dort there
   dort oben up there
der **Drache** dragon
das **Drachenblut** dragon's blood
dritte third
   drittens thirdly
der **Dukaten** ducat (old coin)
dumm dumb
dünn thin
   dünner thinner
dürfen(darf) to be permitted, may

E

die **Ecke** corner
der **Edelstein** gem, precious stone
der **Ehestand** marriage, wedlock
Ei! Hey!
das **Ei** egg
   die **Eier** eggs
eigen own, individual
einander each other
der **Einfall** idea

ein/laden to invite
die **Einladung** invitation
einmal once
   auf einmal all of a sudden, all at once
einsam lonely
ein/schlafen to fall asleep
einst once; one day
ein/treten to enter, step in
das **Eisen** iron
elend miserable, wretched
die **Elster** magpie (talking bird)
die **Eltern** parents
endlich finally
eng narrow
auf englisch in English
entfliehen to escape, flee
entkommen to escape
entscheiden to decide
enttäuscht disappointed
die **Enttäuschung** disappointment
der **Erdboden** earth, ground, soil
die **Erde** earth
erfahren to experience; learn
erfassen to grasp, seize
erfreuen to make happy
erfüllen to fulfill
ergreifen to seize, catch
erklingen to resound
erleben to experience; live to see
ernennen to name, appoint
erreichen to reach, attain
erscheinen to seem, appear
erschlagen to beat, slay, strike dead
erschrecken to be frightened
   erschrocken frightened
erst first; only; not until
   erstens in the first place, firstly
erstaunt astonished
ertönen to resound, sound
ertrinken to drown
erwachen to wake up, awaken
erwarten to expect, await
erzählen to tell, relate

das Essen food, meal
etwas something, a little, some
die Eule owl
ewig eternal

F

Fafner name of a dragon
fahren to drive, travel
fallen to fall
fällen to fell (a tree)
die Flaschheit falseness, deceit
fangen to catch
die Farbe color
fast almost
faul lazy
die Feder feather
der Fehler fault, mistake
feiern to celebrate
fein fine, delicate, thin
der Feind enemy, foe
das Feld field
der Feldarbeiter worker in the field
der Fels cliff
fern distant, far
die Ferne distance
das Fest feast; holiday, festival
fest securely, fast
fest/binden to tie, fasten
  festgebunden tied
der Festsaal banquet room
der Feuerring ring of fire
finden to find
  nicht zu finden not to be found
der Fingernagel fingernail
fliegen to fly
fliehen to flee
der Fluss river
folgen to follow
fort away
fort/laufen to run away, escape
die Frage question
fragen to ask
  fragen nach ask about
frei free
die Freiheit freedom

der Fremde stranger, foreigner
die Freude joy
  weint vor Freude cries for joy
freudvoll glad, delighted
sich freuen to be glad
  sich freuen über to rejoice over
der Freund friend
  die Freundin female friend
freundlich friendly
frieren to freeze
frisch fresh
froh happy
fröhlich cheerful, happy
fromm pious, devout
früh early
der Frühling spring
führen to lead
furchtbar terrible
sich fürchten to be afraid
fürchterlich terrible, horrible

G

ganz whole, entire; quite
der Gast guest, visitor
gebären to bear, give birth to
das Gebäude building
geben to give
  es gibt there is, there are
das Gebirge mountain range
geboren born (see *gebären*)
der Gedanke idea, thought
die Gefahr danger, peril
gefährlich dangerous
gefallen to be pleasing to, like
das Gefängnis prison
gegen against
die Gegend territory, region
gehören to belong to
der Geist spirit, ghost
das Geld money
gemütlich comfortable
genau directly; correctly
geniessen to enjoy
genommen taken (see *nehmen*)
genug enough
gern gladly

geschehen   to happen
das Geschenk   gift, present
die Geschichte   story; history
geschickt   clever, able
geschossen   shot (see *schiessen*)
geschwind   quickly
die Geschwister   brother(s) and sister(s)
der Geselle   companion, partner, member (of a society)
gesehen   seen (see *sehen*)
das Gesicht   face
die Gestalt   form, figure
gestern   yesterday
   gestern abend   yesterday evening
gestohlen   stolen (see *stehlen*)
gestreckt   stretched
gesund   healthy
getroffen   met; hit (see *treffen*)
   hätte ich . . . getroffen   if I had hit
gewachsen   grown (see *wachsen*)
die Gewalt   force, power
gewesen   been (see *sein*)
   wäre . . . gewesen   would have been
gewinnen   win, gain; obtain
gewiss   certainly
geworden   become (see *werden*)
das Gewürm   crawling animals
glauben   to believe
gleich   equal; immediately
glücklich   happy
die Gnade   mercy, clemency; grace
der Gott   God, god
göttlich   godly
gottlos   irreligious; wicked
das Grab   grave, tomb
graben   to dig
der Graf   duke
das Griechenland   Greece
grüssen   to greet
der Gürtel   belt, sash
Gut und Geld   wealth and possessions

H

der Hals   neck
halten   to hold
   halten für   to consider
der Hammerschlag   stroke of a hammer
das Handwerk   trade; handicraft; guild
hängen   to hang
   ich lasse dich hängen   I'll have you hanged
Hannover   city in northern Germany
hassen   to hate
hässlich   ugly
heben   to lift
die Heimat   home, homeland
heimzahlen   to pay back
heiraten   to marry
heiss   hot
heissen   to be called, be named
der Held   hero, champion
die Heldenkraft   strength of a champion
helfen   to help
hell   bright
das Hemd   shirt
heraus/bringen   to find out, solve; bring out, issue
heraus/schiessen   to shoot out
herbei/rufen   to call over, call in
der Herr   Mr., sir, gentleman, master, lord
herrlich   splendid, glorious
die Herrschaft   dominion; rule; power
herum/laufen   to run about
herunter/laufen   to run down
hervor/bringen   to bring forth, produce
hervor/kommen   to come forth
die Herzenslust   great joy, heart's desire
der Herzog   duke
heute   today
   heute nacht   this evening
die Hilfe   help, aid

der Himmel sky; heaven
hinab/bringen to bring down
hinab/schauen to look down
hinauf/steigen to ascend
hinauf/winken to wave up at
sich hinaus/ziehen to venture out
hinein/fallen to fall in
hinein/führen to lead in
hinein/treten to walk in
hinter behind
hinunter/führen to lead down
hinunter/sehen to look down
hinzu/springen to jump towards
hoch high
  hoh- high (adjective)
das Hochzeitsfest wedding feast
hoffen to hope
  hoffen auf to hope for
die Hoffnung hope
die Höhe heights; air
die Höhle cave
holen to fetch, get
holen/lassen to send for
  lässt Ritter holen has knights fetched
die Hölle hell
das Holz wood
der Honig honey
hören to hear
die Hosen pants
hübsch pretty
der Hunne Hun
der Hüter protector, keeper, guardian

I

die Idee idea, thought
immer always
  immer kälter colder and colder
impfen to vaccinate, inoculate
die Impfung inoculation, injection
indem while; meanwhile
indessen meanwhile

interessant interesting
  etwas Interessantes something interesting
sich interessieren für be interested in
inzwischen in the meantime

J

die Jacke jacket
jagen to hunt
der Jäger hunter
das Jahrhundert (Jh.) century
jawohl yes, indeed
jeden Tag every day
jeder each one, every
jedesmal everytime
jemand someone
jener that
jetzt now
die Jugend youth; early period
jung young
die Jungfrau maiden

K

der Kaiser emperor
kalt cold
  kälter colder
kämmen to comb
  sich kämmen to comb one's hair
der Kampf battle
kämpfen to fight, struggle
kaufen to buy
der Kaufmann merchant
  die Kaufleute merchants
kaum hardly, scarcely
kennen to know, be acquainted with
kennenlernen to get to know, become acquainted with
die Kirche church
der Kirchturm church tower
klar clear, clearly
das Kleid dress, clothing
klettern to climb
das Kloster cloister; monastery, nunnery

klug smart
 klüger smarter
der Koch cook
der Kohl cabbage
Köln Cologne (city on the Rhine river)
der Komiker comedian
komisch funny
der König king
 die Königin queen
können(kann) to be able, can
der Kopf head
der Korb basket
der Körper body
die Kraft strength, might
kräftig mighty, mightily
krank sick
der Kranke sick person
der Kreis circle, ring
das Kreuz cross
der Kropf goiter
krumm crooked
der Kuchen cake
kühl cool
die Kuhpocken cowpox
die Kur treatment, cure
kurieren to cure
küssen to kiss
der Küster church caretaker

L

lachen to laugh
laden to invite, summon
der Lahme cripple, lame person
der Landvogt provincial governor
lang(e) long
 länger longer
langsam slow, slowly
der Lärm noise
lassen to let, permit; have something done
laut loud
das Leben life
leben to live
leben/bleiben to remain alive
das Lebewohl farewell, goodbye

der Ledergürtel leather belt
sich legen to lie down
leicht easy, easily; light
das Leid misery; harm; injury
leiden to suffer
leider unfortunately
leise soft, softly
die Leiter ladder
lesen to read
letzt last, latest
 die Letzten last ones
die Leute people
lieb dear, beloved
 liebst favorite
die Liebe love
lieben to love
der Liebste lover, sweetheart
das Lied song
 die Lieder songs
liegen to lie
das Lindenblatt leaf of a linden tree
loben to praise
das Loch hole, opening
locken to lure
der Lohn reward
los wrong; loose
 Was ist los? What's the matter?
die Luft air
lügen to lie (tell a falsehood)
lustig jolly, merry

M

machen to make, do
die Macht power
der Maikäfer june bug
mal time, occasion
das Mal time, occasion
 zum ersten Mal(e) for the first time
mancher many a, many
der Mann man
der Mantel coat
der Markt market; market place
der Marktplatz market place
der Marmor marble

mehr more
  mehr als more than
mehrere several
meistens usually
der Meisterschütze marksman,
  master archer
das Meisterstück masterpiece
der Mensch human being, man
Mephistopheles Mephisto (servant of the devil)
merken to notice
das Messer knife
die Milch milk
miteinander with each other
die Mitte middle, center
mitten middle
  mitten in in the middle of
  mittendurch right through
die Mitternacht midnight
die Mitternachtsstunde midnight hour
möglich possible
der Mönch monk
der Mond moon
der Mörder murderer
der Morgen morning
  eines Morgens one morning
  von morgens bis abends
    from morning to evening
müde tired
müssen(muss) to have to, must

N

na well
  na schön most certainly
nach after; toward; according to
nachdem after (conjunction)
der Nachkomme descendant,
  successor
der Nachmittag afternoon
  eines Nachmittags one after-
    noon
die Nacht night
  die ganze Nacht über the
    whole night through
nah near
  näher nearer

nächst next, nearest
  nah und fern near and far
die Nähe nearness; neighbor-
  hood, vicinity
nähen to sew
sich nähern to approach
namens by the name of
der Narr fool, clown
natürlich of course, naturally
neben next to
nehmen to take
nennen to call, name
der Nibelungenhort hoard of
  the Nibelungs
nichts nothing
  nichts als nothing but
nie never
die Niederlande Netherlands
niemals never, at no time
niemand no one
  niemand von ihnen none of
    them
nirgends nowhere
noch still, yet
  noch einmal once again
der Norden the North
nordwärts northerly
nun now, at present
nur only

O

ob if, whether
oben upstairs, above
das Obst fruit
obwohl although
öffnen to open
oft often
operieren to operate
das Österreich Austria

P

das Paar pair, couple
der Pakt agreement, pact
das Perlengeschmeide pearl
  necklace
die Pfeife pipe
pfeifen to whistle

das **Pfeifenspiel** the pipe playing
der **Pfeifer** piper
der **Pfeil** arrow
das **Pferd** horse
pflanzen to plant
das **Pfund** pound
die **Plage** nuisance, bother;
  plague, calamity
plötzlich suddenly
der **Preis** prize, reward
die **Prinzessin** princess

R

die **Rache** revenge
rächen to revenge
die **Rattenplage** plague of rats
recht right, correct
  recht haben to be correct
rechts to the right
die **Rede** speech
  die **Rede kommt auf** the
  conversation turns to
die **Regel** rule; law
reich rich
das **Reich** kingdom
reichen to reach, extend
reisen to travel
reiten to ride
retten to save, rescue
der **Richter** judge
der **Riese** giant, ogre
der **Ritter** knight
ritterlich knightly
die **Rübe** root
  gelbe Rübe carrot
  wiesse Rübe turnip
der **Rücken** back
rufen to call
ruhig quiet
das **Rumänien** Rumania
  rumänisch Rumanian
russisch Russian
dass Russland Russia

S

der **Saal** hall, assembly room

die **Sache** thing; matter; affair
der **Sachse** Saxon
der **Saft** juice
die **Sage** legend, fable
der **Satz** sentence
der **Schafhirt** shepherd
scharf sharp
der **Schatz** treasure
schauen to look, gaze
  schauen auf to look at
der **Schelm** rogue
schicken to send
das **Schicksal** fate, destiny
schiessen to shoot
das **Schiff** ship, boat
der **Schiffer** sailor
schlagen to beat, hit, strike
die **Schlange** snake, serpent
schlecht bad, terrible
sich schleichen to sneak
schliesslich finally
schlimm bad
  immer schlimmer worse and
  worse
das **Schloss** castle, palace
schmelzen to melt
  schmelzen lassen to cause to
  melt
der **Schmerz** pain
der **Schmied** blacksmith
der **Schmuck** jewelry
der **Schnee** snow
schneien to snow
schnell quickly
der **Schnellauf** sprint
der **Schnurrbart** mustache
schon already
die **Schönheit** beauty
der **Schreck** fright
  ausser sich vor Schreck beside oneself with fear
schrecklich terrible
  schrecklichst most horrible
schreien to scream
der **Schritt** pace, step
  aus hundert Schritt from 100
  paces
der **Schütze** marksman, archer

schwach   weak
  schwächer   weaker
der Schwager   brother-in-law
die Schweiz   Switzerland
schwer   heavy; hard, difficult
das Schwert   sword
schwimmen   to swim
  schwimmend   floating
schwingen   to swing, whirl
  around
schwören   to swear
die Seele   soul
sehen   to see
  ist zu sehen   is to be seen
sehr   very
  so sehr   so very much
das Seil   rope
sein   to be
die Seite   side
selb   same, self
selbst   himself
sich senken   to sink
sich setzen   to sit down
sichtbar   visible
siebzehn   seventeen
silber   silver
der Sklave   slave
sofort   right away, at once
sogar   even
solcher   such, such a
der Soldat   soldier
sollen(soll)   to be supposed to
sonderbar   strange
sondern   but, on the contrary
sonst   otherwise, else
die Sorge   worry
  Habe keine Sorge!   Don't
  worry!
der Spass   joke
  dumme Spässe   ridiculous
  nonsense
spät   late
  später   later
die Speise   food, meal
der Spessertwald   name of a
  forest
der Spiegel   mirror
das Spiel   game, performance
  leichtes Spiel   simple trick

der Spieler   actor, player
die Spielfreundin   playmate,
  girlfriend
der Spielmann   minstrel
der Spielplatz   playground
die Spitze   head, tip, point
spitzen   to sprout
spottisch   mockingly
sprechen   to speak
das Sprichwort   saying, proverb
der Stab   staff, stick
die Stadt   city
die Stange   pole, post
stark   strong
statt   instead of
stecken   to put, place, set
  stecken/bleiben   to remain
  sitting
stehlen   to steal
steigen   to climb
steil   steep
der Stein   stone
die Stelle   place, position
sterben   to die
der Stern   star
die Stimme   voice
stolz   proud
strafen   to punish
der Streich   joke, prank, trick
  Streich spielen   to play a joke
streiten   to argue
der Strudel   whirlpool
die Stube   room
das Stück   piece, part
studieren   to study
das Studium   intensive study
stumm   silent, mute
der Sturm   storm
stürzen   to plunge
suchen   to look, seek
  suchen nach   to look for
süss   sweet
die Süssigkeit   sweet, sweetness

T

der Tag   day
  eines Tages   one day
tagelang   for days, all day long

tanzen to dance
die Tänzerin dancer
tapfer brave
die Tarnkappe cloak of invisibi-
lity
die Tasche pocket
die Tat deed, act
tausend thousand
der Teil part, portion
der Teufel devil, demon
  **Was zum Teufel will, das
lässt sich nicht aufhalten.**
What is inclined to the devil
will go to the devil.
der Teufelspfeifer devil's piper
das Teufelswerk piece of deviltry
die Theologie theology, divinity
tief deep
das Tier animal
tirilirie tra-la-la
die Tochter daughter
der Tod death
töten to kill
  er lässt ihn töten he has him
killed
  damit er töte so that he
would kill
tragen wear; carry; bear
Transylvanien Transylvania
(region in Romania)
Transylvanier citizen of Transylvania
trauen to trust
der Traum dream
träumen to dream
traurig sad
treffen to meet; hit, strike
sich treffen to happen
trennen to separate
die Treppe stairway
treu faithful, true
trinken to drink
der Trompeter trumpeter
tun to do
die Türkei Turkey
der Türke Turk
türkisch Turkish
der Turm tower

die Turmspitze spire
der Turner gymnast

U

überall everywhere
übergeben to hand over
überzeugen to convince
um for, at, around, over; in order
to
umarmen to embrace
um/sehen to look around
unbeschreiblich indescribable
undankbar ungrateful
die Undankbarkeit ingratitude
unehrlich dishonest
das Unglück misfortune
unsichtbar invisible
unten below, downstairs
unter under, among
unter/gehen to sink, be wrecked
die Unterredung conversation
unterschreiben to sign
unverletzbar invulnerable

V

verdienen to earn
vergangen past, gone
vergessen to forget
verkaufen to sell
verlangen to demand
verlassen to leave
sich verlieben in to fall in love
with
vermissen to miss
verneigen to bow
verrückt crazy
versinken to sink, go down
versprechen to promise
versprochen promised (see *versprechen*)
verstehen to understand
versunken sunk, lost (see *versinken*)
verwandeln to change, transform
viel much, a lot

vielleicht perhaps
vierzehnt fourteenth
der Vogt overseer, administrator
das Volk people
voll full of
völlig completely
vorbei/gehen an to go past
vorbereiten to prepare, make ready
der Vorderteil front, front part
vor/lesen to read aloud

W

wach awake
wachsen to grow
die Waffe weapon
der Waffenmeister master of arms
wagen to dare
wahr true
   nicht wahr not true
während while, during
der Wald woods
die Wand wall
der Wanderer wanderer, traveller
wandern to travel, go, walk
die Wanderung wandering
die Wange cheek
die Ware product, ware
wärmen to warm, heat
warten to wait
   warten auf to wait for
warum why
was für what kind of
der Wasserfall waterfall
weder . . . noch neither . . . nor
weg away, gone
der Weg way, path, road
wegen on account of, because of
weh painful, sad
   o weh o dear
weh tun to cause pain, hurt
Wehe mir! Woe is me
weich soft
weil because, since
der Wein wine

weinen to cry
die Welle wave
die Weise way
weiss white
weit far
welcher which, what a
   welch ein what a
die Welt world
wenig a little; scarcely
wenn if, when
werden to become
werfen to throw
das Werk work, labor
wert worth
die Weser name of a river
wichtig important
wie how, as
wieder again
wieder/haben to have back
Wien Vienna
die Wiese meadow, field
willig willing, ready
wirklich really, actually
das Wirtshaus inn
wissen(weiss) to know
die Woche week
wohl probably
wohnen to live, dwell
die Wolke cloud
wollen (will) to want to
worauf whereupon
das Wort word
der Wortschatz vocabulary
der Wunderarzt miracle doctor
die Wunde wound, injury
sich wundern to be surprised
der Wunsch wish
wünschen to wish

Z

die Zahl number
zahlen to count
der Zahn tooth
das Zahnweh toothache
die Zauberei witchcraft
die Zauberin sorceress, witch
der Zauberstab magic wand

die Zehe   toe
zeigen   to show, indicate
die Zeit   time; a while
  nach einiger Zeit   after some time
  aller Zeit   at any time, always
  zu dieser Zeit   at this time
  lange Zeit   for a long time
zerbrechen   to break to pieces, shatter
zerreissen   to rip
zerschmettern   to smash
ziehen   to pull
der Zorn   anger
zu/binden   to bind shut
zuerst   firstly, at first
zufrieden   satisfied
zu/hören   to listen to
zu/kommen   to approach

zurück/bekommen   to get back, recover
zurück/treten   to step back
zu/rufen   to call to
zusammen   together
zusammengetrocknet   dried up
zu/schiessen   to shoot at
zu/schlagen   to hit hard, slam; nail down
zu/schreien   to call to
zu/springen   to leap at, leap toward
zuviel   too much
zweimal   twice
zweitens   secondly, in the second place
der Zwerg   dwarf
die Zwischenzeit   interim, meantime